七つの星のイニシエーション

星々からの
エネルギーの
祝福

ヴァージニア・エッセン&アーヴィン・フュアースト＝著
位田純子＝訳

ENERGY BLESSINGS from the STARS :
Seven Initiations

Virginia Essene & Irving Feurst

ナチュラルスピリット

Energy Blessings from the Stars: Seven Initiations

by Virginia Essene, Irving Feurst

Spiritual Education Endeavors Publishing, ISBN number 0-937147-29-X.(1998)
Spiritunfold c/o Spiritual Unfoldment Network, P.O. Box 5900, Hercules, Ca. 94547 U.S.A. ISBN number: 978-0-9767195-0-2; (since 2005).
Contact info: info@spiritunfold.com

Japanese translation and electronic rights arranged with Sidney Irving Feurst through Tuttle-Mori Agency, Inc., Tokyo

本書を母なる／父なる創造者にささげます。そして神聖なる意識を思い出して表現できるよう私たちを忍耐強く援助してくれる知恵深く愛にあふれたガイドたちに、また至るところで生命を支え、愛、慈悲、知恵とともに熱心に貢献してくれているすべての生命体にささげます。

平和のために尽力し、このうえなく美しい私たちの惑星とその驚異的な自然界を守る目覚めた姉妹兄弟たちへ、特別な喜びをもって賛辞を贈ります。

ヴァージニア・エッセン

私たちのすべてが自分自身の最も深奥なる神性を知り、それを人生で体現することができますように。この本がそのプロセスの助けとなりますように。

アーヴィン・フュアースト

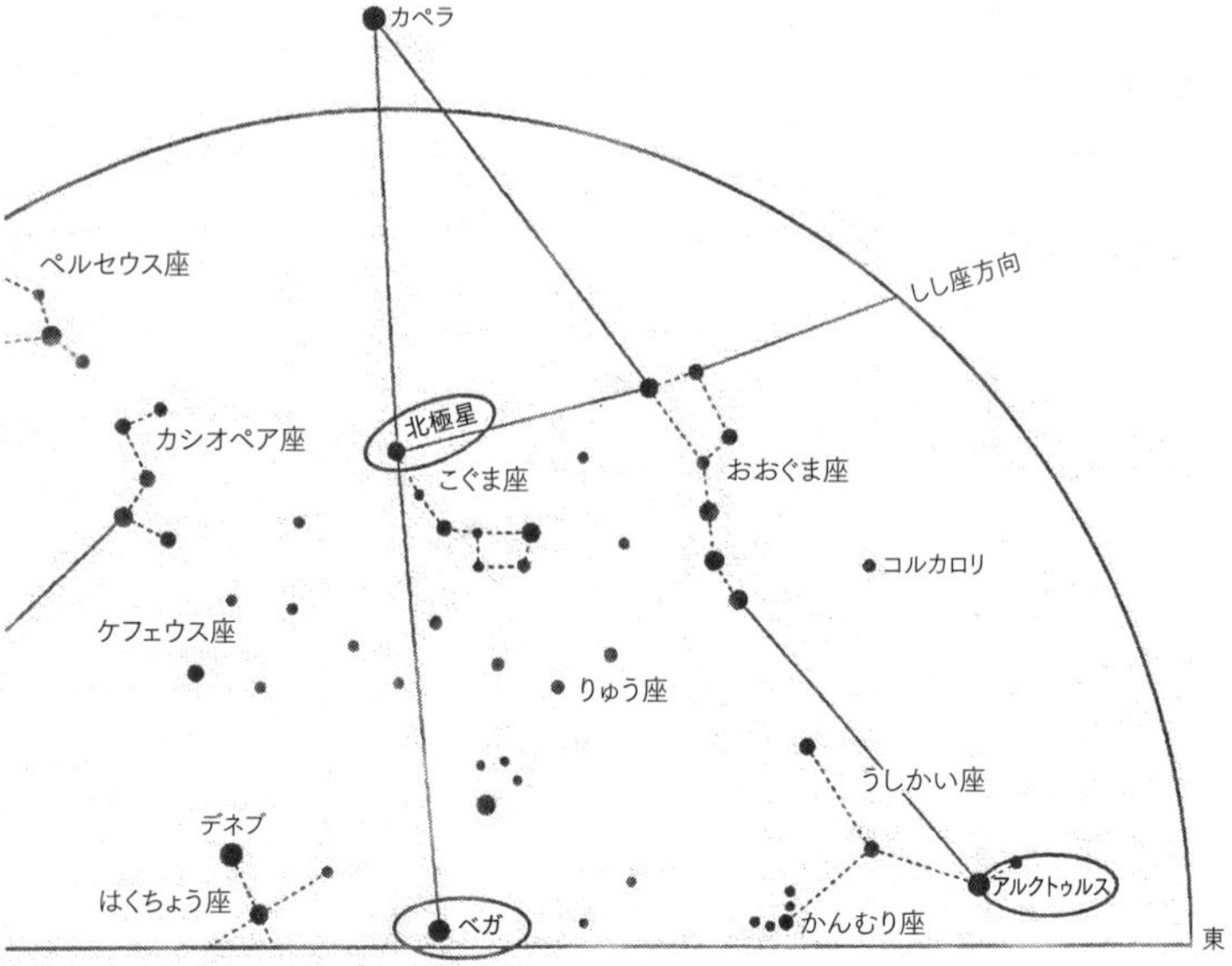

北の星空（2月ごろ） アルクトゥルス、北極星、ベガの位置

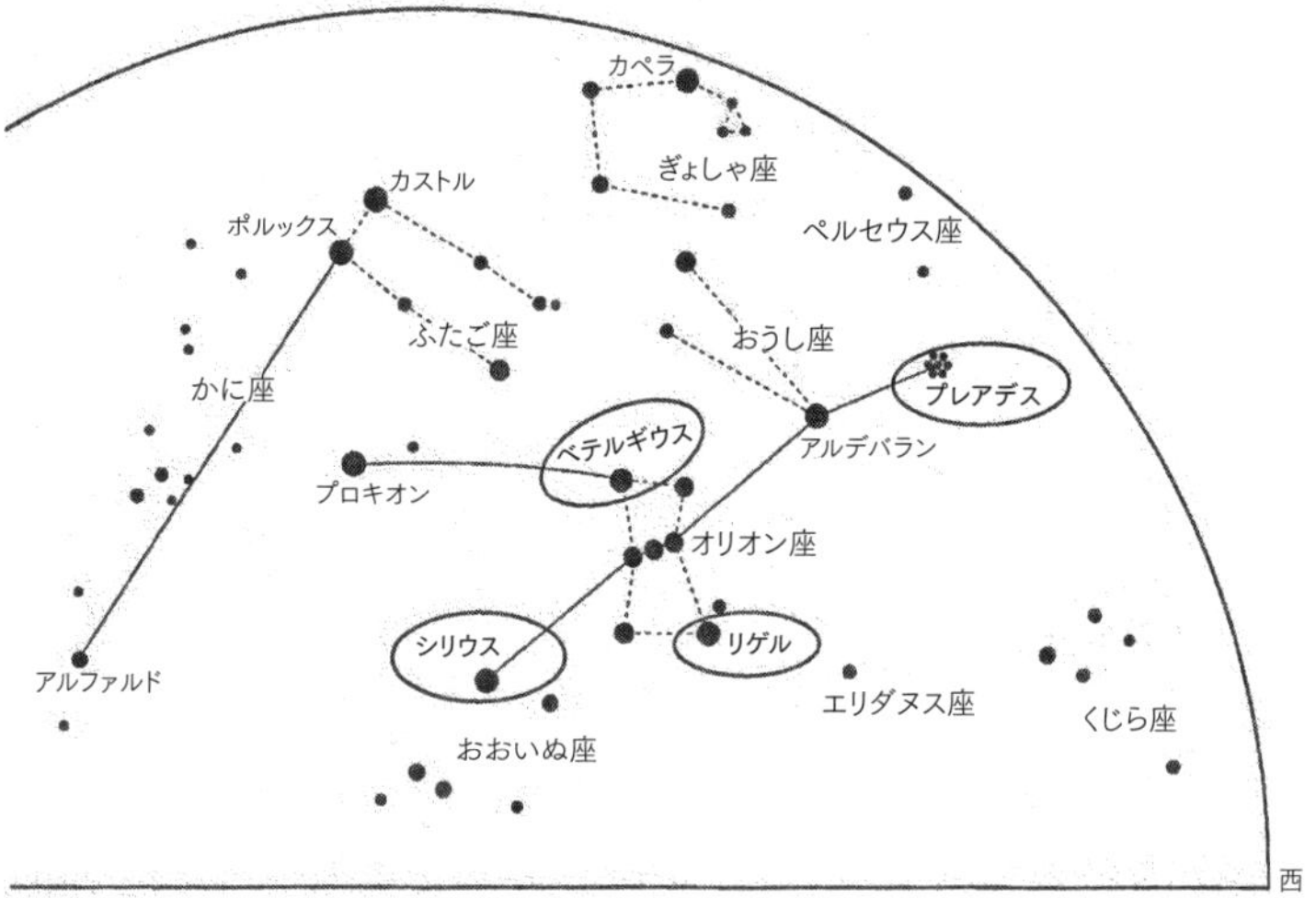

南の星空（2月ごろ） プレアデス、ベテルギウス、リゲル、シリウスの位置

著者による注記

本書は、多くの記録から重要な部分を抽出し、あえて会話スタイルにしていることをご理解いただければ幸いです。時間やスペースの都合で盛り込めなかった質問がほかにもたくさんあったことはご想像の通りです。それでもこの本が提供するイニシエーションのエネルギーと共鳴するうちに、私たちの探究から読者自身の質問が展開していき、瞑想のために役立つことと思います。

この本で言及されるアセンデッド・マスターたちは、移動やコミュニケーションに肉体も宇宙船も要しないので、私たち二人は、彼らを呼ぶときには物理的形態を連想させるような異星人や宇宙人やETといった言葉でなく、よりスピリチュアルな意味合いを含む「地球外の存在」という言葉を用いることにしました。

私たちアーヴィンとヴァージニアは、瞑想を始めたばかりの人々から適切な瞑想方法を紹介してほしいとよく言われます。瞑想は直接教師について対面で学ぶのがベストですが、それが難しい人のために、ローレンス・ルシャンによる"How to Meditate"（邦訳『瞑想入門』図書出版社、一九九四年刊）という本を、瞑想を学ぶ人のための良書としてあげておきます。

本書の天文データはおもに、リチャード・ディボン・スミスの"StarList 2000"と、ロバート・バーナム・ジュニアの"Burnham's Celestial Handbook"（邦訳『星百科大辞典』地人書館）を参考にしています。また右ページの星図は、"Patric Moore's Observer's Year"より引用させていただいたものです。

七つの星のイニシエーション　目次

・本書の情報は医療上のアドバイスを提供または示唆するものではありません。医療的な措置を必要とする方は医療従事者に助言を求めてください。また未成年者は、保護者の指導と承認なしに本書の推奨事項や手順を用いないようにしてください。

・本文中、ページ欄外の注（＊）は日本語版で加えたものです。

第1章 ヴァージニアからの挨拶と序文

もしあなたが引き寄せられるようにこの本を読んでいるとしたら、あなたはおそらく真実を探求する人でしょう。探求者であるあなたは、人生の意味に関する多くの普遍的な問いに考えをめぐらせてきたはずです。この本の目的は、あなたの探求心を尊重しながら、創造の広大さと言い尽くせぬほど荘厳なその活動について、そして地球上に広がる意識を実現するためのあなた自身の役割について、考える力を深めていただくことです。

地球に住む私たちは、この宇宙の目的や活動から切り離されているわけではありません。私たちの周囲いたるところにスピリチュアルな導きのエネルギーが存在しています。私たちはいつでもそれらのきわめて強力なエネルギーにアクセスでき、地上でも高次元でも素晴らしい指導者や援助者から霊的な支援が得られると私は確信しています。

この本では、みずから成長して生命に貢献しようとする私たちの真摯な努力をいま後押ししてくれている、地球外のアセンデット・マスターたちに焦点を合わせます。霊的な導きを求める人々にとって、本書は七つの星系の霊的マスターから直接エネルギー変容のイニシエーション（秘儀）を受けるための、いわばエネルギー的な入門となります。そうした大勢のマスターたちはそれぞれ独自に活動していますが、宇宙共同体の計画として、あるグループにより人類の進化にいまこのとき最も必要な七つのエネルギーの資質が審議され指定されました。そしてこれら特定の資質を私たちのなかで高めるために、受け取る用意があってそれを願い出た人々に対し、イニシエーションと呼ばれるプロセスを通してエネルギーの祝福が提供されることになったのです。

私たちにエネルギーの祝福を送る準備ができている星のマスターは、次の通りです。

アルクトゥルス……すべてのことを可能にする「希望」の祝福を授けてくれます。
北極星《ポラリス》……過去の制限を解放する「呼吸」の祝福を授けてくれます。
プレアデス……ハート・チャクラを安全に開く「愛」の祝福を授けてくれます。
ベガ……自分自身と他者のために有用な「慈悲」の祝福を授けてくれます。
ベテルギウス……広大なる「魂の気づき」の祝福を授けてくれます。
リゲル……「物質とスピリットの統合」による全体性の祝福を授けてくれます。
シリウス……「キリスト意識」を輝かせる祝福を授けてくれます。

地球上の多くの人々が宇宙への小さな一歩を踏み出すことで、銀河の驚くべき偉大さをもっと認識するようになり、「私たちは誰なのか」「私たちはなぜここにいるのか」「心の琴線に触れてくる、思い出そう、表現しようとするこの不思議な神の計画とはいったい何だろう」と自問しはじめるかもしれません。こうしたことはほとんど不可知のように思えます。科学の進歩と宇宙空間へのめざましい躍進にもかかわらず、私たちのなかで誰が全天体の神秘的な周期や運行リズムを完璧に説明できるでしょうか。

どのようにして人間が星々からのエネルギーの祝福を受け取ることができるのか、わずかでも認識しようとすれば、地球の物理的位置という私たちの限定された概念を大きく広げなければなりません。それは天の川というありふれた規模の銀河のなかで、きわめて狭小な物理的領域に位置づけられています。私たちの天の川銀河は宇宙に何百万と存在するそうした銀河のひとつにすぎないという認識は、言葉にできないほど広大なこの宇宙における私たちの自己価値や自己像についても深い謙虚の念をいだかせます。

太陽とその惑星群から成る私たちの太陽系は、天の川銀河の中心である「中心太陽《セントラル・サン》」から約三万光年ほど離れています（次ページの図を参照）。こうして見ると、その驚異的な光とパワーからずいぶん遠くにあるのがわかるでしょう。地球上の世界に郊外や遠隔地があるように、地球

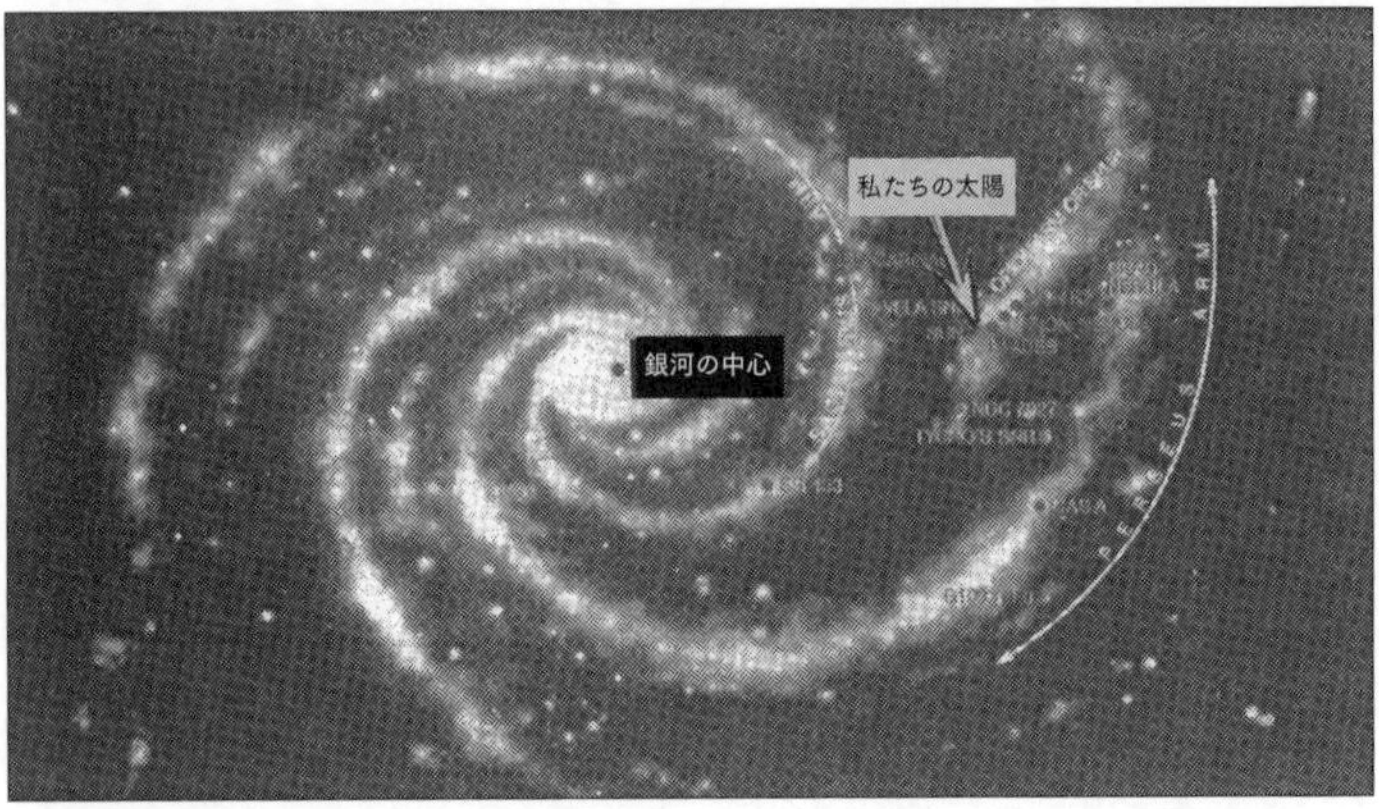

天の川銀河における私たちの太陽の位置

もこの天の川銀河の辺境に位置しているのです。

天の川銀河のおもな渦状腕のひとつであるこの領域では、小さな支脈が物理的な生命を持ち始め、ガスや塵や創造の残骸を凝集させながら新しい存在の機会を形づくっています。この実験釜の中で、無数の恒星や惑星が生まれました。そして私たちの太陽やその仲間であるさまざまな太陽系が機能し始めるよりもずっと前から、生命の多様な生物学的プロセスが進行していたのです。したがって私たちは、天文学的な痕跡を除き、地球創造の物理的プロセスをすべて見たわけではありませんが、私たちに先んじて、数えきれないほどのユニークな生命体が誕生していたことを知っておく必要があります。このような物質世界では、ある種の生命体が充分に進化すると、近くに存在する霊的メンターによって〝魂を入れる〟準備ができたと認められるのです。

この「魂」という贈り物、あるいは神からの意識の贈り物とでもいうべきものは、それぞれの種《しゅ》の次元の振動にふさわしい周波数で与えられ、受け継がれます。宇宙創造の胎内においては、物理的な物質レベルから霊的な意識レベルまできわめて多種多様な次元があるため、〝魂を入れる〟という贈り物が与えられるべきかどうかは、それぞれに遠く離れた領域において信頼できる霊的使者によって監視され、その見立てを通して決定されます。ある生命体に「意識の準備ができた」と確認されたときだけ、光の使者はそれを報告し、神の性質である強力な贈り物――すなわち魂――がそれらの生命体のなかに活性化され授けられるのです。

宇宙の歴史は、ＳＦ小説や映画さながらに、私たちの想像をはるかに超えた生命体で満ちあふれているに違いありません。なかにはそのような深い記憶を無意識に保持している人もおり、それは春分点歳差*と呼ばれる天体のサイクルに従い、よりはっきりと思い出すように促されるでしょう。これらのエネルギーが何であれ、それは神の天なる光線と霊的メンターたちの力が大きく増強されるときの周期的な門、あるいは次元の窓なのです。このようにして天の光線と私たちが霊的につながることで、人類進化の過程が見守られ、私たちの意識を支え刺激するためにさらに高いエネルギーがもたらされます。

科学者と創造論者がともに心を開いてこれらの難題を探求し、人間とは肉体的存在と霊的存在の両方であることを理解し合えたとき、人類の進化をより楽しく深いものにするための協力的な

＊春分点歳差とは、地球の地軸の傾きのために春分点が黄道に沿って毎年ゆっくりと西にずれていく天体現象。歳差運動。

試みが可能になるでしょう。そこには大きな疑問があります。すなわち、単に生物学的進化のみで――つまりそれ自身の衝動だけで、それ自身の力で――「魂」という高いスピリチュアルな意識を生み出すことができるのでしょうか。それとも、低い物質レベルの生命組織体が意識の贈り物を受け取る準備ができたかどうかの判断には、天の意識である高次の存在が関与しなければならないのでしょうか。

明らかに、宇宙の秘密は、魂の意識という贈り物が求める責任を理解する力のない初心者には与えられません。特に意識の初期段階において低次の周波数にあるときは、神の贈り物である自由意志が強力に誤用されることもしばしばあります。もしあなたなら、高いイニシエーションがもたらす超自然的な力を、永遠に慈悲と愛をもって行動するかどうか確認できないうちから自由意志の人に与えるでしょうか。あるいは、まだ信頼に足るほど賢明でない幼い子どもに、人々の思考をコントロールする力を与えたりしますか? おそらく与えないでしょう。

科学技術社会に住む私たちは、自分の好きなようにふるまっていいと考える傾向があります。なぜなら自分は地球上で孤独だと感じ、誰にどんな影響が及ぼうが関係ないと思っているからです。主要技術国の市民意識には、いまだにアトランティス時代やローマ時代のネガティブな体験の名残が色濃く残っているため、たとえ地球や人類やほかの生物にとって最善の利益となる変化であっても、コントロールされることを示唆するものは不快に感じるのです。ですから、人類を援助しつつ、代わりに誠実さと倫理的責任を求めるような計画が必要なのです。もしもあなたが霊的メンターで、人類がより高い意識状態に移行するように助けたいと思えば、その贈り物が裏目に出て人々に害を及ぼさない限り、喜んで種全体に意識のアップグレードを提供しようとするでしょう。

この本を読んでいくと、こうした計画が高次元界によって開始されていること、そしてその贈り物は、後述する二つをみずからの意志で行えばあなたも受け取れることがわかるでしょう。私たちには自由意志があります。あとは、私たち一人ひとりが決めることです。

私たちは神聖な遺産を受け継ぐ星々の子どもです。これは自分たちのために、子どもたちのために、そして後世のために記憶し、大切にすべき神聖な遺産なのです。私たちの周囲に満ちているこれらのエネルギーの祝福は、学び成長する意志を持つ人のためにあり、いまや私たちに気づかれ、求められることを待っているのです。

あらゆる宗教が、神の計画に協力しようとするすべての人々に、恩寵、赦《ゆる》し、知恵、愛といった祝福を約束してきました。それは私たちに導きと教えを与えてくれますが、最近の歴史において人類はそこに達していないようです。私たちはついに、放蕩の種族として最初から約束されていた贈り物を受け入れる準備ができたのでしょうか？

ちょっと想像してみてください。太古の地球文明において、高次の叡智と慈悲を持った存在、つまりこの惑星が高次元に進化するための導き手である霊的マスターから、膨大なエネルギーのイニシエーションを受けたとします。そのマスターたちは、純粋な心を持つ人々を見いだし、イニシエーションを授け、教え、導き始めたのです。グループが形成され、霊的マスターたちの手によって、さまざまな資質がグループに伝えられました。純粋さと知恵と愛に満ちた天からのエネルギーの転送は、その共有された力を誤用しないことを信じて授けられた、とてつもない贈り物でした。それは、人体のエネルギーシステムを急発進させ、目覚めさせる高周波エネルギーであり、人間の心身に眠っていたパワーを増大させました。そして悟りへの献身的な努力によって、少しずつ人類は信頼されるようになり、超自然的で並外れた力を受け取るようになっていったのです。

人間は地面から浮いたり、体を瞬間移動させたりしました。すべてを千里眼で透視したり、霊聴力、超感覚、テレパシーを使ったり、心で物体を作り上げることもできるようになりました。今日の私たちから見るとまるで神のような共同創造力を持ち、なかには思念だけで生命そのものを物質的に操作する実験を始める者まで出てきました。残念ながら、人間たちの行きすぎた異常なパワーの乱用に、マスターたちはこれ以上の霊的なイニシエーションを授けることに疑問を抱くようになりました。そしてとうとう、あまりの悪用ぶりに、霊的なガイドたちはそれまで許されていたエネルギー伝授を取りやめることにしたのです。こうして現在の私たち地球人類は、かつて地球上の一部の人々が享受していたある種のエネルギー能力のほとんどを失ってしまいました。そのため、今日の地球の状況に強い不満を感じている人々もいます。協力や愛や平和があるはずの場所に、暴力や悪がはびこっているのです。私たち自身、必要とわかっていながら、純粋で思いやりある行動がとれないこともあります。

幸運にも、私たちはいま、またとない好機に生きています。放蕩の種族は祝福の大宴会に招かれ、知恵と愛と純粋さに満ちた天のエネルギーが約束されているのです。それは私たちには想像もできないほど深く豊かなものです。

これらのイニシエーションの潜在力は、私たちの側での努力と変化を必要とします。慈善事業であれ、ＵＦＯに救い上げられることであれ、みずからの内なる仕事を無視する言い訳にはならないことを心に留めておく必要があるのです。私たちの多くは、特にテクノロジーと物質主義の社会では、自分自身のスピリチュアルな責任に対してかなり怠惰で無節操になりがちです。けれども、今こそ内なる癒しに至るための継続的な修練に専念し、霊的なメンターからの助言とサポートを受ける時なのです。

はてしなく長い年月、人類の意識が信頼できるところまで進化するのを辛抱強く待ち続けていた彼らは、いまやついにこのエネルギーのイニシエーションを再開することにしました。これによって私たちは、人類に可能な「キリスト意識」の七つの特性に達する旅を続けることができるようになったのです。キリスト性に至るための修養期間がこれまで自分や誰かの過ちで阻まれたことに気づいたとしても、負い目や動揺を感じる必要はありません。むしろそれは多くのマスター、聖人、賢人たちによる純潔と献身の模範であり、愛と赦しの機会として見るべきでしょう。大切なのは、この美しい地球とそこに住む人々を、キリスト性、仏性、悟り、どんな言葉で呼ぼうとそこへ導こうとする神聖な計画があることに気づき、感謝することです。

こうしたマスター、聖人、賢人たちは、私たちに道を示し、私たち自身が選んだ成長を支援するために来ているのであって、私たちの自己中心的な弱さや、変化しようとしない姿勢から救い出すために来たのではありません。たとえマスターたちが私たちの愚行を削ぎ落とし、私たちを自分自身から救い出そうとしても、それはできない相談なのです。つまり、私たちはその神聖なエネルギーにどの程度協力するか、それぞれが自分で選択しなければならないのです。

とはいえ、自分が意識を高めるために本当に必要な選択とは何か、また自己成長において決定的に重要なのは何かを知る人はどれほどいるでしょうか。あなたは真理の探求者として、人類の進化のこの特別な時期に、みずからの存在を究めるために四つの霊的なコンタクトが選択可能であることに気づいていますか？　それらの選択肢とは何であり、人類の進化にどんな助けになるのか認識しているでしょうか。

これは私個人の考えですが、私たちは銀河系やそれを超えたさまざまな惑星で肉体を持って生きるたびに、自由意志によるポジティブな選択をしながらエネルギーと意識を使う力を高めていくのです。これまで、私たちが肉体に生きているとき、つねに悟りのエネルギーとの相互関係で次の三つの選択が可能でした。まず、大いなるものを信じるかどうか、次に、日々の生活に神のエネルギーを認めるかどうか、さらに地上の身体的存在によるイニシエーションを選択するかどうかです。選択とはもちろん、自分がイエスかノーかを言えるということです。そしてこれらに加え、いまや私たちの目の前には新たに画期的な第四の選択の道が開かれているのです。

●第一の選択　大いなるものを信じるかどうか

すべてのものはエネルギーと意識であり、どんな物質にも創造主つまり神の広大な愛と、言葉にならない叡智が含まれている。

あなたはこれを認めることも否定することもできます。地球上には、目に見える以外のものを信じず、もっと大きなものが存在するという可能性さえ思いつかない人々がいます。こうした認識を持ち続けることも可能なのです。あなた自身の選択はどうでしょうか？

●第二の選択　日常生活に神のエネルギーの存在を認めるかどうか

地球上あるいは銀河や宇宙のどこへ行こうとも、あなたは創造主の知性と愛に満ちたエネルギーに包まれている。

あなたはこれを認めることも否定することもできます。このエネルギーをどう呼ぼうと、また誰にお願いしようと、いつでもそれはあなたの祈りや助けを求める声に応えてくれるのです。

●第三の選択　地上の身体的存在によるイニシエーションを受け入れるかどうか

この地球での生命の誕生以来、偉大な光をたずさえた数多くの身体的存在が、進化する人類の意識に真実を教え、分かち合ってきた。

あなたはこれを認めることも否定することもできます。こうしたエネルギーのマスターたちはときにグルとも呼ばれ、その感触、視線、意図の力によって、今日まで脈々と続く癒しの系譜を築き上げてきました。このようなマスターたちの贈り物は、体に正しい回路を開き、生命エネルギーの流れを整え、地球の物質性と最高次の霊性とのあいだにバランスをもたらしてくれます。

もしも地球上で充分な数のグルがその高い霊的使命を永遠に続け、もっと大勢の人々が彼らの提供する貴重な調整を受けていれば、地球人類の霊的意識はずっと先まで進んでいたことでしょう。天界から見ると、惑星地球が高次の意識という運命を歩むためには何十億人もの意識向上が必要なのに対し、地球上の教師はあまりにも少なすぎるのです。地球の意識拡張と発展は、同時に多くの人間がそれに見合うほどのポジティブな成長を遂げることで助けられます。霊的なイニシエーションは、私たち個人を助けるのみならず、人類という家族全体、地球、そのほか多くの生命体をも助けることになるのです。そしてまた、生まれてくる子どもたちが素速く意識的な文明の具現者となるためのスピリチュアルな基盤を広げることにもなります。それに加え、イニシエーションに含まれる人々への知恵と愛と慈悲は、より高い波動の世界を約束し、それはさらに偉大な波動の霊的教師たちを迎える準備を整え、より大きく、より早い人類進化へとつながっていくでしょう。

ここまでの三つ、すなわち大いなるものを信じること、日々の暮らしに神のエネルギーを認めること、そして地上の身体的存在を通じたイニシエーションは、今日にでも選択できることで、現時点でも変わっていません。新たに生まれたのは第四の選択肢です。最近になって、宇宙のイニシエーションや星々からの祝福をじかに受け取れる機会が開かれたのです。

●第四の選択　宇宙のイニシエーションを受け入れるかどうか

いま、あなたの成長を助けるために星々からエネルギーの祝福を受けることができる。

あなたはこれを認めることも否定することもできます。幸運なことに、すばらしくエキサイティングなこの時期、星々からのエネルギーの祝福は私たちのスピリチュアルな願いを支援し、癒しを推し進め、地上生活での倫理観を高める取り組みを後押ししてくれるでしょう。それらはまったく新しい宇宙の摂理としてやってきて、私たちが恐れや憎しみや罪悪感などのネガティブな信念と感情を放棄できるようにしてくれるのです。

この霊的な目覚めを選んだ人には、七つの星系からのエネルギーの祝福がその人の微細身《サトルボディ》*のエネルギー場に注がれ、スピリチュアルなバランスのためのさまざまな神聖な要素が吹き込まれて究極的にキリスト意識へと導かれることになります。しかしながら、生命を変化させるこうした神聖なエネルギーを受け入れる準備として、私たちはまず高次の知覚が実現されるように自分の微細身を強化しておかなくてはなりません。すなわち微細身の波動を高め、新たな高次の贈り物を保持できるよう、エネルギーのパターンと構造を整えておく必要があるのです。この「微細身のエネルギー場を強化する」ためのアチューメント（調整）は、予備イニシエーションの第一段階であり、あとに続くすべてのイニシエーションに不可欠な基盤となります（微細身については次章以降でさらに説明します）。

つぎに予備イニシエーションの第二段階として、この幻想世界の〝幻惑《グラマー》〟を取り払うことが必要になります。世の中の幻惑すべてを消し去るという選択は、今の文明ではほとんど不可能かもしれません。ですがここでいう「幻惑を取り払うイニシエーション」とは、肉体的な幻惑への執着だけでなく、霊的な独善主義や極端なナショナリズムなど、私たちを互いに隔てるどんな優越感の幻惑や錯覚も払拭することを意味しています。そこには文化的・人種的・性的・宗教的・経済的・政治的、そのほかあらゆる面で、人間の営みのすべてが含まれてきます。このイニシエーションを受け入れたとき、その効果は以降のあなたの全人生において活性化されることになります。
あなたがこの二つの予備イニシエーションを心の底から求めたとき、星のマスターたちはあなたの要請を知ります。これら二つの予備イニシエーションを完了してはじめて、その先の七つの星のイニシエーションを受けることが可能になります。つまり、そのあとのさらに高いエネルギーの贈り物を保持できるようになるためには、これら二つの強化と浄化の予備イニシエーションを通じて、あなたの微細身がアップグレードされる必要があるのです。この宇宙共同体の計画は、人類のすべてがこの宇宙的な癒しの経験を至高善のために役立てることができるよう、慎重に考えられたものです。

もしかすると、あなたは最近、よくわからない不穏なエネルギーの影響をいろいろと受けているかもしれません。この地球と全生命に影響を与える宇宙光線や天上のエネルギーを個人でコントロールすることはできず、唯一の望みは、この大規模な変化に効果的に協力できるように、私たち一人ひとりが明確な視点で自分のエネルギー場のバランスを取り戻すことです。これに気づ

＊微細身(subtle body)／サトルボディとは、物質的な肉体に重なり合うように存在する微細なエネルギー体のこと。ヨガの伝統やインド哲学では、肉体をストゥーラ・シャリーラ（粗大身）、目に見えないこのエネルギー体をスークシマ・シャリーラ（微細身）と呼ぶ。

いてこの宇宙的な癒しの機会に内なる刺激と変容を決意する人々は、仏性とキリスト性の資質を増幅させ、物質世界にスピリチュアルな真実を吹き込むでしょう。これはすべての人々の役割なのです。私たちがこの経験を選択すれば、星々からのエネルギーの祝福は私たち自身を助けることになります。

これは思いつきの絵空事ではありません。私たちの日常生活において実践されるべきことであり、そこには多くのチャレンジと困難も伴うでしょう。あなたは肉体のなかで生きることに窮屈さを感じ、天国かどこかへ行きたいと思ったことはありませんか？ それは霊的に目覚め成長していく人にとって珍しいことではありません。でも、それでは「霊的な資質を使って肉体を持った人生をマスターする」という、あなた本来の神聖な目的が果たされないことになります。七つの星からのエネルギーの祝福は、あなたが肉体を持ったままで、人生をより楽しく創造的で満ち足りたものにするためにやってきます。それはあなたが地上の責任ある人間としても、また天の遣い人としても、日々の表現を広げるように後押ししてくれるでしょう。

二十一世紀に入り、私たちは人間としての真の原点である、三つの側面のバランスを思い出し、表現することが大切になります。私たちは永遠のエネルギーである宇宙意識を宿しています。それは肉体という、かりそめの姿をまといますが、母なる地球から切り離されているわけではないことをつねに心にとめておくべきです。そして私たちは思考と感情を持っています。思考と感情は、みずからの本質を制限して閉じ込めるか、あるいは個人と惑星を癒すためにその叡智と愛を解き放つかのどちらかです。この宇宙意識、肉体、思考と感情という存在の三位一体性は、母なる地球との統合によって、個人的にも集合的にも意識を決定づける共同創造の力をもたらします。それゆえ、私たちの神聖な目的とパターンを表現するには、意識的にポジティブな思考や感情とつながろうとする必要があるのです。存在の本質は、一体化した包括的な結びつきにもとづいており、どんな個人的な変容もポジティブな関係から生まれます。ですから地球外の存在とのポジティブな関係が増えていけば、私たちの分離の信念ももっと解放されることになります。

もちろん、自分自身のハートと魂の望みを達成するため、みずからの信念と行動をよく見極めて進んでいかなければなりません。願わくば、あなたがこの本から何らかのインスピレーションを受け取り、天界のプロセスを推進する助けとなりますように。今日では地球上にたくさんの光の同志がいます。そして大勢のエネルギーと意識を同じような目的に同調させると、素晴らしい共時性とシナジー効果に満ちたつながりが生まれやすくなります。近しい意識と思いやりに惹かれ、素敵な新しい仲間が現れます。スピリチュアルな触れ合いが当たり前になり、愛が自然に楽しく流れ出すのです。

私はこの地上の人生に神の原理を取り戻すことを切望しているたくさん人に出会えて、とても光栄に感じています。たとえ直接会わなくても、私たちはその広大な共鳴力の一部であり、共通の合意のもとに、自分自身、地球、そしてあらゆる場所の生命にとってより良い世界をつくり出していけるでしょう。

共著者のアーヴィン・フュアーストもまた光の同志であり、私は彼と一緒にこの本を書くよう導かれました。私たち二人は皆さんを歓迎します。意識と微細《サトル》な生命エネルギーの使い方についての深い探究に、そしてそれによってはてしなく広がっていく機会に、読者の皆さんをお招きしましょう。

アーヴィンはエネルギーを透視できるマスターであるため、星々のエネルギーの祝福について話す前に、まずは彼の人生について少し語ってもらいましょう。そうすれば、いかにアーヴィンがさまざまな微細エネルギーに精通し、準備のできた人々にそれを説明する才能に長けているかが、皆さんにもおわかりいただけると思います。いまや高い意識状態で、建設的な目的のためにこれを役立てる準備のできた人々がたくさんいることでしょう。

ここで読んだり学んだりしたことで、あなた自身の知覚が広がりますように。そして私たちとともに歩む旅が、新たなビジョンと愛する仲間との出会いという宝物をもたらしますように。

第2章 アーヴィンの物語

………ヴァージニアとアーヴィンの対話

VE(ヴァージニア・エッセン)　アーヴィン、あなたの人生の物語は、読者にとってエネルギーを学ぶうえで大いに助けになると思うのです。そもそもエネルギーワークの世界に入るきっかけは何だったのでしょうか。

IF(アーヴィン・フュアースト)　そうですね、私にとってエネルギーとは、神への道なんです。エネルギーは動きに宿る神です。

私の今世でのスピリチュアルな道は、じつは自分ではまったく意識しないうちに、一九六七年に始まっていました。ミシシッピで生まれ育ち、高校卒業後、スタンフォード大学に通うためにカリフォルニアへ引っ越しました。当時、この大学では新入生の興味を呼び起こす試みとして、世界のあらゆるテーマの特別セミナーを開いていたのです。そのなかのひとつに、「創造的知性の科学（ＳＣＩ）」というコースがありました。この言葉は、超越瞑想*の用語として知っている人も多いでしょう。

私は大変なストレスを抱えていたので瞑想に興味を持ち、このコースに入りました。熱心に瞑想すればリラックスの助けになるだろうと思ったのです。でも自分ではスピリチュアルというものにはまったく興味がありませんでした。実際、スピリチュアルとは完全に真逆の人間で、純粋に科学的で合理的で無神論的な世界観を信じていたのです。存在するのは物質と物理法則のみだと確信していました。何千年も前に古代ローマの哲学者ルクレティウスが言った、「この現実には原子と虚無しかない」という言葉を信じて、この世界観を人々にもわかってもらおうと説得していました。私はいわゆる村の無神論者タイプで、形而上学や霊的な観念について議論しては相手を論破するのが好きでした。自慢するわけではありませんが、私はそれがとても得意だったのです。伝道的な無神論者として長い経歴を持つある友人がこう言いました。「アーヴィン、きみは神の存在について、いまだかつて聞いたこともないような議論を展開するね」

そんな私がこの知的なコースを受講していたとき、ルームメイトが「実際に瞑想を学んでみよう」と言い出し、バークレーにある超越瞑想センターへ瞑想を体験しにいきました。すると、指導してくれた人は私の瞑想の深さに驚いて、こう言いました。「本当にはじめてなんですか？」

そして大学時代から私は長年瞑想をつづけ、いろいろと興味深い体験がたくさんありました。それらはスピリチュアルとは言い難く、どちらかというと自己成長に関するもので、あえて言うならユングの元型《アーキタイプ》的なイメージやエネルギーの体験でした。スタンフォード大学を卒業後、私は数学と統計学の学位を取得するためにカリフォルニア大学バークレー校の大学院に行きました。その頃、私はクンダリーニとは何かすら知らず、はからずもクンダリーニの体験をし始めていたのです。修士号の口頭試験のために勉強していると、頭の真ん中に真っ白な光が現れ、背筋を電流のような感覚が上昇して下降し、夜も眠れなくなりました。私にわかったのはそれだけでした。けれどもやがて、これを解決するには瞑想をやめるしかないと気がつきました。私は瞑想をとても楽しんでいたので、ちょっと不本意ではありましたが、このような不穏な体験を止めるにはそうするしかなかったのです。

その後何年も、子どもから大人まで幅広い年齢層の生徒に数学を教え、コミュニティカレッジや、小学生に簡単な高校の代数を教えて自信を持たせるプロジェクトなどで教師を務めていました。すると今から十二年ほど前のこと、コミュニティカレッジで数学の授業をしている最中に、私の首に激痛が走りました。枕の使い方が悪くて首の筋違えを起こしてしまう人はよくいますが、私の痛みは消えないどころか、どんどんひどくなる一方で、ついに病院に行かざるをえなくなりました。診断は、慢性的な凝りと痛みをともなう異常な形の斜頸というものでした。このとき私

＊超越瞑想（Transcendental Meditation: TM）。インドの聖人マハリシ・マヘーシュ・ヨーギによって二〇世紀後半に欧米にもたらされ、世界的に広まったマントラ瞑想。

の首は一気に悪化が進み、七カ月も寝たきり状態になってしまったのです。通常の薬は私には効かないことがすぐに判明しました。私の症状は謎と見なされ、どうしてこうなったのか、どうやったら治るのか、誰もわからないようでした。すると私の妻がすばやくある医師の論文を見つけてきました。そこには、従来の医療技術を用いた人たちは、代替医療を用いた人たちに比べると、あまり、あるいはほとんど改善が見られないと結論されていたのです。そこで私はありとあらゆる代替療法を試してみました。首の代替療法の本が一冊書けそうなほどでした。自分が何を選ぶべきかよく吟味し、それなりの効果がありそうなものを選んだので、どれもある程度は有効でした。しかし私にとって一番効果があったのは、エネルギーを使ったワークだったのです。

私がエネルギーのワークと言うとき、それは特に「シャクティ」のワークを意味します。私たちSUN*では、エネルギーのことを「シャクティ」と呼んでいます。この種のワークは、西洋の言葉ではうまく表現できません。シャクティという言葉はヒンディー語で、現代のアメリカではこれを単にエネルギーという意味で使っている人もいます。しかし私たちは、この言葉を〝知性を持つ霊的エネルギー〟という概念として使っています。いわばシャクティは、知的にふるまうエネルギーなのです。

いろいろ試した結果、私にはシャクティのワークがいちばん効きました。斜頸はいまだに完治してはおらず、エネルギーワークで全快したわけではないのですが、首が動くようになったのです。朝の起床時には、ドリサナ・エネルギーとフナ・エネルギーを使う方法でベッドから起き上がれるようになりました。こうしたエネルギーワークがなかったら、私はもっとずっと長期間にわたって痛みに苦しみ続け、どうにもできなかったでしょう。ですから私は自分自身の個人的な健康問題によって、エネルギーワークを発見したのです。

●ある朝、ティーカップが神様になっていた

VE　アーヴィン、ちょっと質問していいですか。シャクティはどうやって学んだのでしょう。このエネルギーが存在することや、自分のためにそれを使えるということは、どうしてわかったのですか？

IF　はい、もちろん一夜にして覚醒したわけではありません。まさに革命的なプロセスでした。ここに至るまでの経過を順に説明しましょう。

私が首の痛みで寝たきりになっていたとき、自分で意図したわけではないのに、しばしばとても深い瞑想状態に吸い込まれていくのがわかりました。ふと気がついて時計を見ると、四時間、五時間、ときには六時間も経っていて、途中で時間を意識することもありません。こうして、七〇年代初頭にカリフォルニアで大学院生だった頃に初めて起こった自然発生的なクンダリーニ体験が、またしても繰り返し起きるようになったのです。あの当時にはわからなかった何らかの

＊ＳＵＮ（Spritual Unfoldment Network）　アーヴィン・フュアーストが創設した、霊的実践やエネルギーワークを教え広めるための組織。詳しくは巻末情報を参照。

理由があるのだと、ようやく私は気づきました。このエネルギーの背後には知性があり、そのプロセスを完了させる必要があったのです。

古代のヒンドゥー教に描写されているような一連の経験あるいは段階を通して、私は宇宙のあらゆる現れの奥には神聖な知性が潜在することを理解していきました。その神聖な知性を、私は神と呼びます。私たちSUNでは特定の教義を人々に押しつけることはありませんが、私は個人的に神を信じています。人によって、それは宇宙心、源《ソース》、タオ、そのほかいろいろに呼ばれます。私自身は神を信じ、宇宙のすべてが神の現れであることを体験し始めていました。けれども一方では、その体験に強烈に抵抗していました。無神論的な世界観にしがみついていた私はそれを手放したくなかったのです。ゆえにどれだけ深遠な体験をしても、どうにかしてそれを理論的に釈明しようと躍起になりました。実際、私の人生でとても苦しい時期でした。

そのころの最も鮮烈な記憶をお話ししましょう。ある日、朝食のテーブルにつくと、ティーカップが神様になっていたのです。正直いってそのとき私は神を信じていなかったので、びっくりして腰を抜かしそうになりました。朝食のテーブルの上で、神様がティーカップの形をとって私を見張っているなんて、どうかやめてほしいと思ったものです。こうした体験が積み重なって勢いを増し、どんどん強くなっていくので、私は自分に釈明するために毎日何時間も費やしました。それは私のエゴをひどく脅かしました。

それと同時に私は首の鍼《はり》治療を受けていました。この治療法は、あらゆる霊的な体験を触発するという思いがけない副産物をもたらしました。その鍼師は私に、グルマイ*に会うことを薦めました。そうして私は今回の人生ではじめて、生身の人間からシャクティパットのイニシエーションを受けることになったのです。その人はグルマイと呼ばれる女性グルで、クンダリーニ・エネルギーを扱うシッダ・ヨガの第一人者でした。イニシエーションの二日目は、私の人生においてとても重要な日となりました。私は実際にシャクティを体験したのです。それはまるで電気のスパークのように、きわめて深遠なかたちで私のハートのなかに入りました。その瞬間は鮮明に覚えています。私の世界全体が、その日を境にがらりと一変してしまったのです。

私は村の無神論者からスピリチュアリストへと変わり、霊的世界とそれが人生に与える重大な影響を強く信じるようになりました。何年間も蓄積され、この数カ月で集中的に高められていたものが、一瞬にして結晶化したのです。私の抵抗は吹き飛びました。宇宙のあらゆるものは文字通り、神と呼ぶべきひとつの根源的な知性の現れであることを悟ったのです。これは単なる比喩や妄想ではありません。私はずっとそれを妄想として片付けようとしてきましたが、いまは確信しています。私たちは物質世界を生きて楽しむように定められてはいても、それはその根底的な源である、目に見えない霊的世界ほど重要なものではないと思うようになりました。

VE　グルは知的エネルギーの実証をあなたに示し、あなた自身が自分個人のエネルギーを体験

＊グルマイ・チッドヴィラーサナンダ。インド人の導師で、シッダ・ヨガの指導者。シャクティパットとは、グルによってシャクティを伝授される儀式のこと。

できるようにしたのですね。

ーＦ　そうです。それはまさしく私の人生の転換点でした。その集中的な伝授のあと、シッダ・ヨガの伝統である深遠で甘美なシャクティの現れによって、私は人生のあらゆる瞬間に神の生きた存在を感じるようになったのです。シャクティは私を導いてさらなる革新を促す、きわめて重要な役割を果たしました。それ以来、私は世界中のさまざまな文化で文字通り何千ものエネルギーを体験しましたが、私の個人的・歴史的な理由によるだけでなく、シッダ・シャクティはエネルギー自体がとても美しいため、今でも私のお気に入りです。グルマイが広く知られ、弟子が多いのもそのためでしょう。

次に私の進化を大きく後押ししたのは、あるニューエイジ・フェアでの出来事でした。そのフェアにはオメガという団体のブースがありました。オメガは、チベットのマスターである霊的存在、ジュワル・クール大師（以降、ＤＫと呼びます）からの、とても深遠で美しいエネルギー体系を伝授している組織です。

当時、私はそれについて何の知識も持ち合わせていなかったのですが、このブースの前を通りかかったとき、自分の内側にシッダ・シャクティがものすごい勢いで湧き上がってくるのを感じたのです。神の具現であるシャクティはこう言いました。「このブースに行って、そこで提供されるデモンストレーションを受けなさい」と。私が「何ですって?」と聞き返すと、また同じように言われます。そこでそのブースに行くと、そこにいた人たちが私にオメガ・システムを実演してくれました。このとき私はあまり感じなかったのですが、妻にもそれを受けてみるよう勧めました。するとその日の深夜、私たちは二人とも尋常でないほど色が鮮明に見えるという体験をしたのでした。それまでにも就寝前の催眠イメージは数多く見ていましたが、これは完全に別物でした。こんな体験はしたことがありません。私はオメガに電話をかけ、このエネルギーについて知りたいと言いました。彼らと話していると、またしてもシッダ・シャクティが現れ、このコースをとるように示唆されたのです。

そのコースは週末に開催されていました。予定を調整してオメガのコースに通ってみると、それはさらなる深いエネルギーワークへと私をいざないました。オメガのワークではおもに二つの学びがありました。ひとつは、オメガはシッダ・エネルギーとは色も質感もかなり異なり、効果も異なるということです。このエネルギーを使っているとき、意識も変わるのを感じました。はじめはシッダ・シャクティを中心に考えていたので、別の霊的領域からは別のエネルギーがやってくるということを私はまだ理解していなかったのです。

オメガでもうひとつ学んだのは、霊的階層という概念でした。私はエネルギーは信じていましたが、この概念には当初、大変な抵抗がありました。私の知覚力はエネルギーワークを通してほぼ毎日、劇的な変化を遂げ、世界のありように対する私の見方も根底から変わり、基本的に世界はエネルギーの交換だと見るようになっていました。でも「霊的階層」という概念や、人類の進化を導くといわれる「アセンデッド・マスター」なるものにはかなり抵抗を感じていたのです。しかしオメガはこのような考え方を押しつけたりせず、エネルギーそのものに重点を置き、それが人々にもたらすものを強調していました。現在、私たちSUNも同じような姿勢で臨んでいます。マスターとのワークができるという幻惑に魅了されるのでなく、自分自身の個人的で霊的な進化に真摯な関心をもって取り組んでいる人たちを引き寄せたいからです。

私はオメガのコースのあと、キリストの光を教えるコースも取り、ソーラー・エンジェル（守護天使と呼ばれることもあります）の重要性と、ラブ・ストリームというエネルギーについて学びました。やがて生徒やオメガの指導者たちの話から、オメガのエネルギーはこの霊的階層からきていると彼らが考えていることがわかりました。でもそれは思い違いで、実際に自分たちのエネルギー体系がどこから来ているのか知らないのだろうと私は思いました。

するとある晩、私がオメガのイベントに行く人たちの車の後部座席に乗っていると、驚いたことにテレパシーで情報が降りてきたのです。最初は気のせいかと思いましたが、声は私に向かって話し続け、聞いたことのないイニシャルを名乗りました。そのとき、私はまだ別のマスターたちのことはほとんど知らなかったのです。するとマスターのひとりが言いました。「私たちはあなたにこのエネルギーを送りたい」と。私が「え？・」と聞き返すと、同じ言葉を繰り返します。

こうして私は、車の後部座席ではじめて霊的マスターからテレパシーによるシャクティパットを受けたのでした。それから、そのエネルギーをほかの人たちにも流し、「封入する」方法を教えてもらったのでやってみました。するとみんなそれを感じて、とても深遠で美しいエネルギーが勢いよく動くのがわかりました。このエネルギーはじつはドリサナ・エネルギーの前兆で、私の微細身《サトルボディ》がより高度なエネルギーを受け取れるように構築され始めていたのです。

VE　ちょっといいですか、「エネルギーを流す」と「エネルギーを封入する」という言葉について説明してもらえますか。

IF　エネルギーを〝流す〟とは、自分が導管のようになって、それを通して一時的に誰かにエネルギーを流すということです。それは自分個人のエネルギーではなく、神聖なエネルギーです。つまり、あなたが誰かにエネルギーを流すとき、あなたを通してやってきたエネルギーが相手を通り抜けます。それは相手にとても深い影響を与えますが、永久にそこにとどまるわけではありません。いっぽう、あなたが誰かにエネルギーを〝封入〟すると、そのエネルギーは相手のなかにずっと残り、その人はいつでもそのエネルギーにアクセスできるようになります。そしてそのエネルギーをほかの誰かに流すこともできます。ただしその能力が与えられていない限り、他者にエネルギーを封入することはできません。つまりエネルギーを流すのは一時的なもので、エネルギーを封入するのは永続的なものです。

VE　あなたがエネルギーを流したとき、そのエネルギーは相手のどの部分に達し、どこに封入されるのでしょうか。

IF　いい質問です。エネルギーは、それぞれのエネルギーのレベルに応じて封入されます。人のオーラにはさまざまなレベルがあり、レベルごとにエネルギー場が異なるのです。そのエネルギーの性質と働きによって、それに見合ったエネルギーレベルに封入されることになります。

●人間はさまざまな波動レベルの重なり合い

VE　エネルギーには多くのレベルがあるのですね……

IF　そうです。多くの皆さんが気づいている以上にあります。私は、実際に肉体を持っているチベットのマスター、ＴＫ（ジュワル・クールのＤＫではなく、ＴＫです）から次のような情報を教えられました。彼はその体に生まれたわけでなく、それはマヤビルーパと呼ばれる、いわば顕現の体なのです。マスターは体を自在に物質化させることができます。彼からの情報では、肉体もひとつのレベルとして数えた場合、人間のオーラには三十二のレベルがあるそうです。ほとんどのオーラの本には、その最初のいくつかしか示されていません。なぜなら、たいていの人は、より高次の微細身の存在を知覚できるほど透視力が強くないからです。各々の微細身は低い振動レベルから高い振動レベルまで存在しています。肉体から外側にいくほど、微細身に同調することはだんだん難しくなるのです。

ＶＥ　つまり、そのような微細身のエネルギー場は、最も内側の肉体から、空中や空間と呼ばれるところまで広がっているのですね。あなたにはいくつ見えるのですか？　そしてあなたにとって、それはどんな意味があるのでしょう。

ＩＦ　三十二のすべてを感知できます。でも十七番目くらい以降は、詳細に感じ取ることは難しくなります。これらの微細身にはそれぞれ名前がついています。私が使っている名前は、内側から順に、エーテル体、感情体、メンタル体、その外側の層がコーザル体です。透視者も含め、ほとんどの人は、生涯のうちにコーザル体以上を知覚することはまずありません。本人がそうだと思うときも、たいていはコーザル体のなかの多様なレベルや層を知覚しています。つまり、それぞれの微細身はさらに細かく周波数で分類されるのです。コーザル体は、最初の三つの微細身（エーテル体、感情体、メンタル体）よりも霊的ですが、それ以降の体ほど霊的に純粋ではなく、いわば下位の体と上位の体との橋渡しとなる重要な存在です。ここでいう〝以降〟とは、肉体から空間的により外側という意味です。

ＶＥ　とはいえ、これらの層は互いに浸透しあっているのですよね。

ＩＦ　そうです。すべての微細身が最終的には肉体のなかに落とし込まれるのです。オーラやチャクラの本によく見られるように、それぞれのオーラが同心円状の殻や楕円として別々に存在して

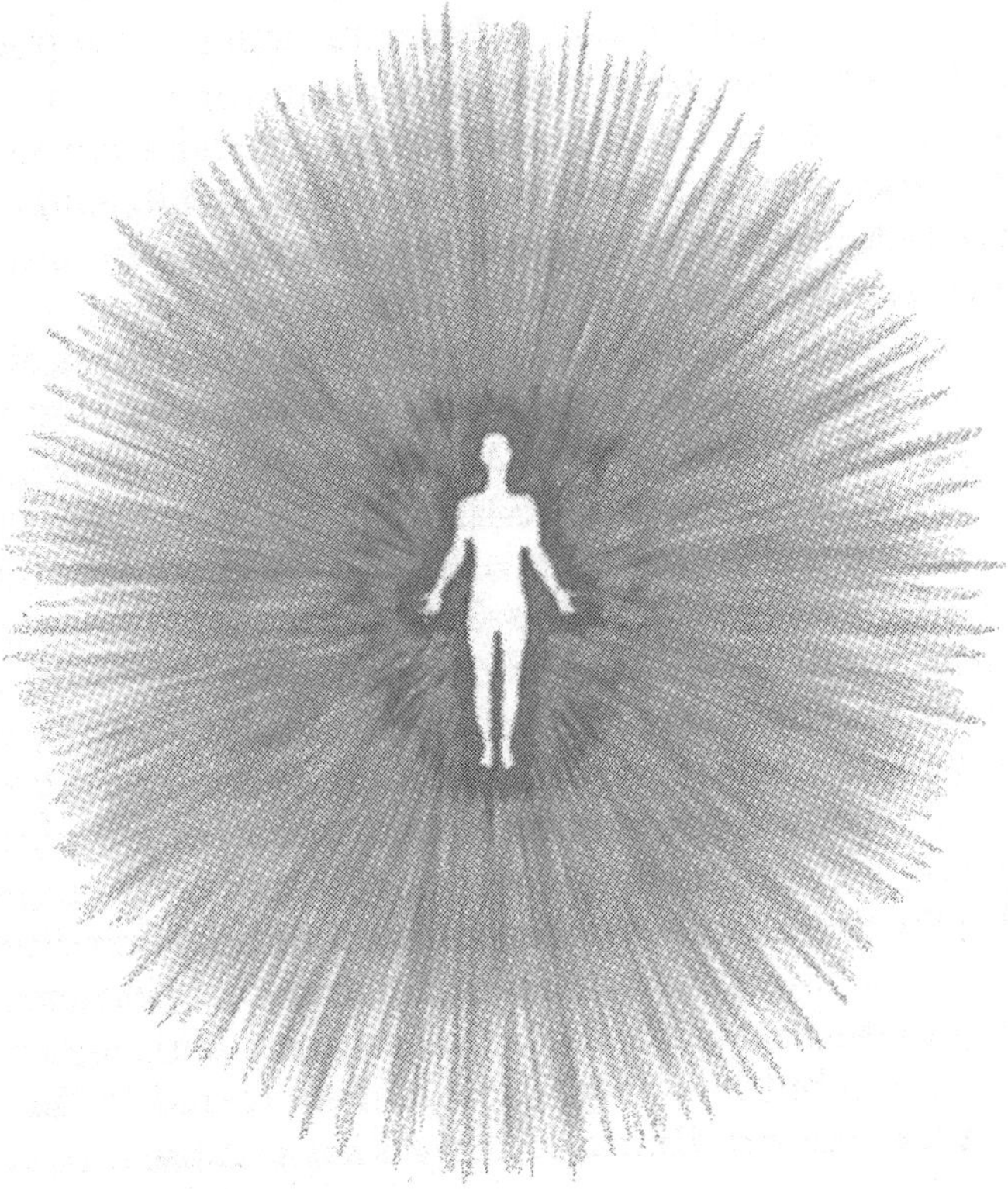

図1　肉体から近い順に、エーテル体、感情体、メンタル体、そして霊的指向性を持つコーザル体。これらの微細身は互いに浸透し合い、最終的には肉体に入り込む。

いるわけではありません。図１のように、それぞれ識別はできますが、外側から内側へと浸透しているのです。

実をいうと、どの微細身も空間のなかで最も濃くなる場所があります。そのいちばん濃くなったところを見ると、確かに分かれているように見えるでしょう。そう見える理由は、すべての微細身が肉体に流れ込んでいることを認識していないからです。しかしあなたの感情体は、あなたから離れて殻のように空中に浮かんでいるわけではありません。感情体は肉体のなかに降りてきているのです。それ以外にあり得るでしょうか。私たちは、感情を体験すると、肉体を流れるエネルギーが低下することを知っています。つまり、感情体（あるいはアストラル体）と呼ばれるものが、肉体へと入り込んでいるのです。

これらの微細身はすべて互いに重なり合い、浸透し合って、空間の同一領域に存在しています。ですが実際には、肉体の外側で、それぞれの微細身は空間のある一定の部分で最も濃くなるのです。これは微細身が定在波の前線であるためです。物理学者がいうところの「破壊的な干渉」が微細身のあいだにはたくさんあります。ここでいう破壊的とはネガティブな意味合いでなく、ある特定の周波数が互いに打ち消し合う傾向があることを意味します。ですから、それぞれの微細身は空間のある特定の部分で最も濃くなるのです。けれどもそれらのすべては最終的に肉体に降り注いでいます。そして、それが高次の霊的な微細身のひとつに入ってエネルギーが同調すると、肉体的・感情的・精神的に影響を与えることが可能になります。降りてきたエネルギーが、濃密な肉体を含む下位のエネルギー体と浸透し合うからです。

VE　人はみずからの人生を導く力として、魂、高次自己《ハイヤーセルフ》といった内なる存在や、大いなる自己について語ります。それらはこうした微細身のエネルギー場に存在するのでしょうか？

IF　魂は確かに微細身のエネルギー場を通して具現化しますが、魂をそれと同一視するべきではありません。人格《パーソナリティ》と魂を統合する鍵となる微細身は、コーザル体です。これを少し詳しく説明するため、現実の本質と私たちのエネルギー場の本質について、霊的階層から伝えられた神智学の考えを紹介しましょう。

神智学の見解によれば、人間とは実際には三つの部分からなる存在です。そこには「モナド」と呼ばれる、私たちのアイデンティティの究極の源があります。「われ臨在なり（I AM Presence）」という私たちの究極的な感覚も、このモナドからやってきます。モナドから魂が発生し、魂から最終的に人格が発生します（人格とは、体と感情と思考を指します）。「魂は物質でもスピリットでもなく、二つのあいだを取り持つもの」とDKはアリス・ベイリー*の著作を通じて説いています。この概念は古代から現代に至るまで、歴史のなかで繰り返し語られてきました。

では、微細身についてはどうでしょうか。ちょっとさかのぼって見てみましょう。

宇宙には二つの創造の弧《アーク》があります。〝内巻きの弧〟と〝外巻きの弧〟というものです。内巻きの弧とは、スピリットが物質に降下することであり、「神の呼気」とも呼ばれてきました。外巻きの弧とは物質がスピリットに上昇することであり、「神の吸気」ともいわれます。そして魂は両方の弧が交わり互いに作用する動的原理です。魂は〝降下〟のプロセスに関わり、低次の体（肉体や感情体やメンタル体）に降りてきて、それらを通して自身を表現することを学びます。また、人格は〝上昇〟のプロセスに関わり、波動を上げ、意識を高めることを学ぶのです。

さきほども言いましたが、橋渡しの役を果たす微細身はコーザル体です。コーザル体は、エーテル体、感情体、メンタル体という、人格の肉体的・感情的・精神的側面を表わす下位の三つの体よりは霊的ですが、それ以上の微細身ほど霊的ではありません。ですから魂の影響は、特にコーザル体への作用において重要なのです。

コーザル体にはつねに大量の魂のエネルギーが存在します。エネルギーの観点から見た私たち人間の仕事とは、コーザル体に常在する魂のエネルギーをどうやって肉体、感情体、メンタル体という人格的側面に降ろし、統合するかを学ぶことです。これには、肉体、感情、精神の各レベルで多くの抵抗を解放することも含まれます。

VE　では、あなたが透視者として人を見るとき、その人にどんなエネルギーを流せばいいかは何によって判断したり把握したりするのでしょうか。

＊アリス・ベイリー（Alice Ann Bailey）一八八〇―一九四九年。英国出身の神秘学の大家。渡米して神智学協会に加わるが、のちにチベットの大師ジュワル・クールと名乗る存在から霊的交信を受けるようになり、多数の著作を遺した（邦訳はＡＡＢライブラリーより刊）。

IF　基本的には私の魂とコンタクトします。私のことを「魂の透視家」と呼ぶ人もいます。多くの透視家と私の大きな違いは、〃魂の透視〃をしているかどうかです。一般的な透視は人格を見る力であるのに対し、魂の透視は、魂の目で見ることです。実用的な観点からすると、通常の透視は、微細《サトル》エネルギーのある一定の周波数に限られることになるでしょう。

VE　それはどうして……？

IF　どうしてかというと、私たちのエネルギー場を含めた人格の構造が制限の原因になってしまうことがあるからです。霊的なエネルギーである微細エネルギーも、物理的エネルギーと同じように、さまざまな周波数が存在することを認識する必要があります。エネルギーの周波数は単一ではありません。これは、考えてみればまったく理の当然です。人間が必要とするエネルギーの周波数は、植物や動物が必要とする周波数ときわめて異なるのですから。

ですから、複数の透視者に話を聞いたりオーラに関する本を見たりすると、たいていは異なった色の別のオーラの層を描写していることがわかるでしょう。あるいは、同じ人のオーラを二人の透視者が見て、異なった色に表現することもあります。それは通常の透視力で見ているからです。そこに存在する微細エネルギーのうち、特定の周波数だけを見て、それ以外は見ていないのです。もしあなたが魂の透視力を完全に開花させれば、存在するすべての周波数を見ることができるようになります。つまり自分の魂が見たいと思うものを見られるのです。でも実際のところ、魂の透視ができるといっても完全に能力が開花しているとは限りません。魂の透視家といえどもすべてを見通せるわけではなく、間違える可能性があることも覚えておくべきです。

私たち人間は、さまざまな波動レベルの重なり合いです。例えば、チャクラと経絡《けいらく》がありますが、これらの体系はそれぞれ異なる波動レベルに存在しています。このことは、不可解な謎にも答えてくれるでしょう。

ヒンドゥー教の伝統を見てみると、チャクラに関する知識がとても詳しく語られており、各チャクラの花びらの枚数や機能、色まで細かく描写されています。ところが、経絡やツボに関しては基本的に記述がありません。どうして史上最高の透視力に優れた賢者たちが、経絡を見落としたのでしょうか？

いっぽうで、道教の伝統にはエネルギーの通り道である経絡について驚くべき知識があります。経絡はまっすぐでなく複雑に曲がりくねっていますが、道教では全身に何百何千というツボがあることを詳細に描写しているのです。それでも、チャクラについての記述は実質的にありません。経絡がはっきり見えるほど目ざとくて聡明な人々がチャクラシステムを見逃すとは、いったいどうしたことでしょうか？

その答えは、チャクラと経絡は別の〝波動空間〟に存在しているからです。

波動空間とはどういう意味か、例をあげて説明しましょう。あなたが晴れた日に郊外に出かけ、目を閉じたとします。すると、ただ音だけが聞こえてくるでしょう。鳥の鳴き声は聞こえますが、何も見えません。つぎに目を開けて耳をふさぎ、目は見えるけれども耳は聞こえない状態にします。そうすると世界はまったく違って感じられますね。それは、音とはまったく異なる振動数で存在している、光の波動領域なのです。それはまったく別の空間、いわばまるで別の世界か存在領域にいるようなものです。

そのほかにもまだまだ別の波動領域があります。現代の西洋社会でエネルギーワークをする人々はおもにチャクラや経絡の観点から考える傾向がありますが、生命にはチャクラや経絡だけでなく、はるかにもっとたくさんのエネルギー体系があるのです。

中東に行くと、「ラティーフ」というものでワークをします。ハワイに行けば、「アオ」という、文字通り〝領域〟を意味するものがあります。カバラでは、「セフィロト」と呼ばれる、「生命の樹」のシステムが有名です。「生命の樹」とチャクラを同一視しようとする人たちを見たことがありますが、それはまったく真実ではありません。両者は異なった波動領域に存在しているのです。もしあなたに透視力があれば、チャクラと生命の樹はとても異なった内部構造を持つことがわかるでしょう。それらのいくつかは、たとえ幾何学的には同じ空間に存在していても、別の波動空間に存在するのです。

幾何学的に同じ空間を占めていても、まったく別の波動空間に存在するという気づきは、とても重要なものです。全員が同じ部屋、つまり幾何学的にはひとつの空間にいても、光の波動領域、音の波動領域、そのほかさまざまに異なる波動領域があります。ほとんどの人がそれに気づいていないだけなのです。同じように霊的な領域にも、大半の人が認識しているよりもはるかに多い、無数の波動領域があるのです。

●それぞれの伝統がパズルのピースを持っている

ＶＥ　そうすると、本当に影響力のある霊的領域のほとんどを、たいていの人は感知していない、つまりそこにあるのに気づくことも認識することもできない、ということでしょうか？

ＩＦ　そうなんです。だからこそ、私のように長いこと無神論者でいられたりもするわけです。その理由は、この世界に住んでいるうちに低い周波数に浸りきってしまい、より高い霊的な周波数が存在することに気づかなくなってしまうからです。

ＶＥ　いってみれば無意識で、無自覚になってしまう……

ＩＦ　その通りです。そして同じく重要なのは、霊的な世界でも、ある波動領域には気づいているのに別の波動領域にまったく気づかない、という人もよくいるのです。物質世界にいる人が霊的世界にまったく気づかないのと同じようにね。

ＶＥ　例えば、イエスや仏陀、あるいは聖母マリアや観音のような女性的エネルギーを愛することに没頭し、そのエネルギーに生涯をささげる人もいますが、どう思いますか。
IF　そうですね、私は良いとも悪いとも思いません。それは不完全と言えるかもしれません。何度も生まれ変わるうちに、やがて複合的な霊的世界に気づくようになるのが神の思《おぼ》し召しだと思うんです。

私たちは皆、「宇宙の忘却ゲーム」と呼ばれるものを演じています。私たちは誰もが神の顕現ですが、生まれてくると、そのことがわからなくなってしまいます。私たちの人生の重要な目標のひとつは、複合的な霊的領域という広大な連続体《スペクトル》に気づくことです。じつはそれが人生の最も重要な目的でもあるのです。

多くの人は認識していませんが、この忘却ゲームは個人レベルにとどまらず、社会レベルにも存在します。ある伝統を取り上げてみると、例えば仏教にはとても重要な洞察と真理があり、それはヒンドゥー教にはないものです。逆もまた真なりで、ヒンドゥー教には、仏教にはない重要な洞察と真理があります。さらに言えば、ナバホ族やホピ族の伝統には、ヒンドゥー教にも仏教にもない見識があります。それぞれが皆、パズルのピースを持っているのです。

私の好きな比喩は、〝源《ソース》〟（私はこれを神と呼んでいます）はとても美しい無数の多面体からなる宝石のようだ、というものです。問題が起きるのは、自分が見ている面だけが唯一のものだと思い込んでしまうときです。

ＶＥ　そう、暴力的な戦争はそれをめぐる闘いですね。

ＩＦ　とても悲しいことです。エネルギー的な観点から見れば、人の体内に複数の伝統や多様なシャクティからの重要なエネルギーが存在するとき、それらのエネルギーは混ざり合い、ある種の霊薬が具現化し、本人の霊的進化を驚異的なやり方で促進させることになるのです。それぞれに異なる伝統が、パズルの異なった部分つまり宝石の別の面を持っているということは、ただの哲学的見解ではありません。実用的な見地からも、さまざまな伝統の主要なエネルギーを肉体、感情体、メンタル体、コーザル体そのほかの諸体で体験することはきわめて重要です。

　私たちは皆、まだ進化の途上にあります。いまでは脳波の研究から、それぞれの霊的伝統で達する高度な意識状態は、似ていると同時に重要な違いがあることもわかっています。キリスト教、仏教、道教、ヒンドゥー教、フナなど、さまざまな伝統において、悟りの状態を超えるような、より以上の段階があるのです。その先にあるのは、多種多様な伝統の知識や意識やエネルギーを統合するという段階です。この統合のプロセスは、私たちＳＵＮにとって重要な長期目標のひとつになっています。

ＶＥ　ご自身の個人的なエネルギーの体験をきっかけに、そこから人類や人々のために何らかの組織的な取り組みが必要だという認識に至ったのは、いつ頃ですか？

ＩＦ　それはまったく革命的なプロセスでした。私は自分の健康問題からこうしたエネルギーワークに関わり始めたのですが、次第にそういう集まりを通してほかの人たちと一緒にワークをするようになりました。その結果、エネルギーは私のみならず人々に深い影響を及ぼすことを知り、こうしたエネルギーワークを多くの人の手に届くようにすることの重要性を強く認識するようになったのです。

そしてある日、私が歩いていると、TKがこう言ったのです。「これは単なる思いつきではない。あなたの魂の目的は、ひとつだけでなく多種多様な伝統のエネルギーワークの手ほどきを一般に公開するための組織を設立することだ。それから次の段階として、さまざまな伝統のエネルギーワークを調和した全体へと統合するのだ」と。

VE　それはあなたの人生で最も高揚した瞬間だったでしょうね。

IF　まさにそうでした！　本当に胸が高鳴りました。でも最初、個人的には強い抵抗がありました。ものすごい量の仕事を抱えていたからです。正直いって、私はやりたくありませんでした。本当に関わりたくなかったんです。それは途方もなく困難な道に思えました。どれほど多くの素晴らしいエネルギーが存在するか認めたがらない人々に、面と向かって多様なエネルギーの相互関係を示すような組織を立ち上げるなんて、とても無理だと思ったんです。だから当初は、私が受け取った情報を誰かに話してもらうために外部の関連団体から講師を招き、私自身は前に出ないようにしていました。でもそれがうまくいかなくなったとき、自分が積極的に乗り出して前に進めるしかなくなったのです。

ＶＥ　ＳＵＮの組織が立ち上がってから、どのくらい経ちましたか？

ＩＦ　一九九二年から続けています。ＳＵＮはまだ若い組織です。

ＶＥ　多くのグループがそうですが、あなたは熱意で立ち上げ、それを世界に向けて発信し、組織化し、来るべき人々がやってくるようにした……

ＩＦ　そうです。これを始めてから、気がつけばとんでもない勢いになっていました。最初はひとりで始めたので、自分がこの情報を伝える唯一の講師であり、とても大変でした。ふだんは夜、週三回の講義を自宅のリビングルームで開きました。最初はほとんど誰も来なかった。それが数人になり、やがて人が集まり始め、だんだん組織として勢いが出てきたのです。こういうことをやっていると聞きつけると、人々の想像力がかき立てられるようでした。仕事はずいぶん楽になっていきました。難しいのは、始めることなんです。

「弟子に準備ができたとき、師が現れる」という言葉があります。裏を返せば、本当に光である喜びを教えていれば生徒が現れるということです。このような仕事を始めてなかなかうまくいかない人は、これを励みにしてほしいと思います。やがて人は集まってきます。というのも、私たち人間は、いま認識しているよりはるかにエネルギー的な存在だからです。

●魂とソーラー・エンジェルが一体になって高次自己を形成する

VE　サンフランシスコで開催されたホールライフ・エキスポではじめてお会いしたとき、私は本当になにか特別なものを体験しました。あなたは世界中の秘教的なエネルギーワークについて話しましたね。あの日、あなたが私たち皆に送ったエネルギーは何だったのでしょうか？

IF　そのときによって異なるエネルギーを送っています。それはたぶん、ハート・ライトというエネルギーだったかもしれません。

VE　それがなんであろうと、私は実際に光のきらめきを自分のハートで体験したのです。まるで誰かがそこにいて直接私に触れたかのようでした。あなたが部屋の前方で、静かに座ったまま無言でただエネルギーを送っていたときも、そのエネルギーをはっきりと感じました。近くには、シャクティのエネルギーを体感したくてあなたの額に触れようとする人たちもいました。でも私は何百人もいる大きな部屋を横切ったりはしませんでした。ですから、あなたが何かとんでもないものを操っていることがわかったのです。このきわめて個人的な体験から、私はあなたに連絡するように導かれたと感じ、それ以来、私たちは知り合いになりましたね。どうやってエネルギーをあれほど強く送れるようになったのですか？

IF　その鍵は、自分の魂とソーラー・エンジェルに心を開くことです。前に少し魂について話しましたね。ソーラー・エンジェルを守護天使だという人もいます。私が「ソーラー・エンジェル」

という言葉を好むのにはいろいろ理由があります。おもな理由は、守護天使の役目は実際にはあなたを守護することではないからです。確かにあなたを守ることもあります。ですが、ときにはあなたという人格がいちばん守ってほしいと望んでいることが、ソーラー・エンジェルにとっては最もあなたに経験してほしいことだったりもするわけです。

ソーラー・エンジェルの第一の目的は、あなた個人の霊的進化を見守り、導くことです。ソーラー・エンジェルの存在は、人間に実感できる最も重要なものでもあります。ソーラー・エンジェルとの協働は誰にでもできる、本当に大切で美しいことです。神智学者ヘレナ・ブラヴァツキーは、ソーラー・エンジェルの存在を〝時代の秘密〟と言いました。それは古代の神秘学派の教えの多くで中核をなすものです。つまり、魂とソーラー・エンジェルが一体になって、私たちが「高次自己《ハイヤーセルフ》」と呼ぶものを形成しているのです。

多くの人がこのことに気づかないままで高次自己と協働作業をしています。高次自己をはっきりと認識していなくても高次自己と協働作業することはできるかもしれませんが、ひとたびこれを理解すると、あなたがとるべき多くのステップが出てきます。高次自己は、私たち自身の一部である魂と、独立した存在であるソーラー・エンジェルから構成されています。そして実際に高次自己に身をゆだねることで、魂とソーラー・エンジェルが深く結びつき、最も高度なエネルギーワークが可能になるのです。魂とソーラー・エンジェルの密接な関係について知りたい人は、アリス・ベイリーの著作でDKの教えを読むといいでしょう。

私はよくこう尋ねられます。「こんなことができる人に会ったことはありません。あなたはどうやってできるようになったのですか?」と。その答えは、〝私〟というこの人格がしているのではないからです。基本的に私は高次自己に身をゆだね（それは究極的には神に身をゆだねることを意味します）、そこから高次自己の視野とエネルギーを私という人格にもたらしているのです。

人格の視野に依存していると、ある一定の周波数だけが見え、それ以外は見えなくなります。あなたが高次自己の目で見られるようになれば、高次自己があなたに見せたいものを何でも瞬時に見られるのです。以前、私は自分にまったく縁のない文明に転生した人たちのセッションをしたことがあります。私にとっては見も知らぬ文明でしたが、未知のエネルギーとつながってワークをすることができました。私がよく言うように、チャクラや経絡のほかにも数え切れないほどのエネルギー体系があるのです。

もっと具体的な例をあげましょう。私が目の前に座っている人のオーラの層やチャクラ、経絡などという標準的なものを透視しているとします。そうすると、高次自己が「この人はこれこれの名もない文明に転生していた」と私には聞いたこともない文明をあげ、「彼らはあなたの知らないエネルギー体系を使っている。ほら、こんなふうに」と言ったかと思うと、バン!と一瞬でその人のエネルギー体系すべてがセットで見えてしまうのです。人格の視野だけで見ていたら、とてもこんなことはできません。

VE　実際に体験したこと、見えたことについて、もっと話してくれませんか。

IF　私は人を見るとき、オーラの層を見て、チャクラを見て、経絡を見ます。生命の樹のシステムが見え、「アオ」が見えます。ちなみにこれは生命の樹と非常に深い関わりがあります。それらのすべては私がこれまで扱ってきた馴染み深いものです。私の人格は消えるわけではなく、そこにいます。それでも私は、自分の人格が見慣れたものを見ながら、同時に新たな追加情報や含意など、人格には見えないもののすべてを高次自己に頼っているのです。この文脈では、むしろ「魂」という言葉を使うべきかもしれません。

西洋の神秘学派の伝統では、霊的進化の多くが〝人格と魂の融合〟と呼ばれるものと結びついていました。人格と魂は統合される必要があるのです。魂は、人格に代わって入ってくるのでもなければ、人格を追い出すのでもありません。多くの人が霊的進化を語るとき、なにか高次の原理が入ってきて人格を超越したり、人格に取って代わるかのような話し方をします。ですが人格に魂が必要なのと同じように、魂にも人格が必要なのです。

VE　そうするとあなたはいま、地上の人格と一緒に、より大きな〝人格と魂の融合〟を通してワークをすることができるのでしょうか。

IF　はい。確かに私の能力は特殊な才能とも関係しています。霊的に進化しているからといって自動的にバイオリンが弾けたりはしません。私自身が人格として、エネルギーを使って腕を磨かなければならない才能もあり、それも私の一部です。けれども私が高次自己の役割を強調するのは、それが高度なエネルギーワークの鍵となるからです。本来の潜在能力のわずか何分の一かでしか生きていない人々を数多く見てきましたが、それは基本的に高次自己に身をゆだねることなく、人格のみで生きているからなのです。

じつは一生涯かけて微細身を研究しても、わかることはほんの一部でしかありません。エネルギー解剖学の複雑さはほとんどの人にとって理解しがたいものでしょう。確かに、そのすべてを理解することは人間の知性をはるかに超えています。オーラやチャクラなどに関する一般的な本を見ると、そこに示されている情報量は、標準的な人体解剖の医学入門書のわずか何分の一かです。実際には微細身の解剖学は、物理的な解剖学よりもはるかに複雑なのです。どれだけ情報が不足しているか、おわかりでしょう。

VE　ヒーラーである人や、何らかのエネルギーワーク（霊的・精神的・感情的・肉体的のどのレベルでも）に関わる人は、もっとエネルギーを受け取って理解することに積極的になってほしいですね。

IF　本当にそう願っています。ここで明確にしておきたいのですが、知性を捨てなさいと言っているわけではありません。直感を捨てなさいと言うのでもありません。知性も直感もそれぞれに重要な持ち場がありますが、それはオーケストラでいうと指揮者であってはならないのです。高次自己が指揮者であるべきです。そのほかのものはすべて高次自己の指揮のもと、オーケストラの一員として演奏するのです。物事がいかに複雑であるかに気づき、みずからを高次自己に明け渡すとき、私たちは毎日の生活のなかで最高のものを成し遂げることができます。

今日では、部屋に入って電気のスイッチを入れれば明かりがつきますね。それはじつに奇跡的なことです。現代の人々は、古代の偉大な王や女王よりもはるかに多くのエネルギーを使っていますが、その配線を理解している人はどのくらいいるでしょうか。照明スイッチのカバーを外して分解してみても、その奥の配線を理解できる人はまれでしょう。

VE　その知識は電気工事士にとっては必須のものですね。

IF　電気工事士の人なら配線の知識は必要不可欠です。でも私たちはそれを知らなくても電気を使っています。それと同じように、効果的なエネルギーワークをするためにエネルギーの解剖学をすべて知っている必要はありません。多くの人は、ここで話したような高次自己との一体感に至るまでに何年も何年もかかりますが、シャクティを使うイニシエーションは誰でも受けることができます。シャクティとは神からの聖なる恵み、祝福であり、シャクティに働きかけることで、例えば一生かけてチャクラを理解するより、もっと深く強力な働きかけができるようになるのです。

日常生活のレベルでもそうですが、私たちは単独ではなく、相互につながったネットワークの一部であると気づけば、もっと多くを成し遂げられるのです。電気のスイッチを入れるとき、私たちは電気工事士の知識や、彼らが時間をかけて培ってきた情報を頼りにしています。だとしたら、なぜ神の知識を頼らないのでしょう。

●なぜエネルギーについて学ぶのか

VE　ここで問われるのは、なぜエネルギーについて学ぼうとするのか、その動機でしょう。これは誠実さの問題であり、人類の倫理的な問題であると思われます。なぜならエネルギーの誤用があるからです。これらのエネルギーを特定の宗教的な構造なしに活用できる人として、ご自身の立場をどのようにお考えでしょうか？　エネルギーで誰かを助けたとき、もしその人がそれをネガティブなやり方で使おうとしたら、その責任はどこにあるのでしょう。こうした道徳的・倫理的な問題において、一般の人々との関係をどのように考えていますか。

IF　私の仕事は単に人々にエネルギーをもたらすだけでなく、高次自己への降伏、すなわち究極的には神への降伏について教えることです。エネルギーの乱用で起こる問題は、もちろん魂のレベルではなく人格のレベルに由来します。私はSUNの講師全員に対し、高次自己にゆだねることに同意する契約書にサインしてもらっています。実際に、契約書にはエネルギーの不適切な使用を防ぐため、守護天使あるいはソーラー・エンジェルと呼ばれる存在に、エネルギー転送の差し止めも含めて一任することが明記されています。

ＶＥ　つまり簡単に言い換えると、みずからの高次自己を守ることによって、エネルギーの誤用を避けることができるというわけですね。

ＩＦ　ええ、そうです。しかしこれはこの問題の部分的な解決策にすぎません。天使界を含めた霊的世界では、基本的に人間の自由意志を尊重することになっているからです。契約は高次自己の介入を認めていますが、それは高次自己が自動的に介入してくれることを保証するものではありません。なぜなら、ときには失敗する自由も必要だからです。ゆえにこれは部分的な解決策でしかないのですが、私に思いつくかぎり最善の方法なのです。私はこの契約の効果を実感していますし、実際に効果があると信じています。それでも人間には自由意志がありますから、この問題に対する完全な解決策というものはありません。エネルギーの乱用を残念に思うことはあっても、別の角度から見れば、この問題に答えがないのは仕方がないことです。もしも完全な解決策があるとしたら、私たちには自由意志がないことになります。これは、神がすべての生きとし生けるものに与えた最も貴重な贈り物なのです。

ＶＥ　支援を求めたり受講したりする前に、あらかじめＳＵＮのそうした観点を知っておくことが大切ですね。

IF　はい、一部のコースには超能力の開発も含まれるため、乱用される可能性のあるものについては契約書にサインしてもらっています。これは一般的な受講生に対してというより、むしろSUNの講師や自分自身との契約です。

VE　そのほかに、この対談であなたやSUNについて話しておきたいことはありますか？

IF　SUNの役割について少しお話ししたいと思います。私たちの目的は、人々の個人的な霊的進化を劇的に加速することができる、一種のエネルギーワークのツールを提供することです。〝劇的に〟というのは、まさに文字通りの意味です。多くの人は最も一般的に手に入りやすいエネルギーに慣れ親しんでいますが、最も強力なエネルギーには馴染んでいません。私たちは人々の自由意志を尊重したやり方でそれを行います。

私たちは、どのように生きるべきか、何を信じるべきかを教えるためにいるのではありません。SUNのコースを受講した人は、その後もエネルギーワークを一緒に体験したり、ミーティングに参加したり、いつでも講師に質問できるなどサポートが得られます。あるいは私たちのクラスに来てイニシエーションを受けたあとは、そのエネルギーを自分自身や友人のために使いたいということでもかまいません。私たちの基本的な目的は、シャクティについての啓蒙活動なのです。

VE　そのプロセスをあなたに手伝ってほしいという、TKのとても明確な真意があったからですね……

ＩＦ　私たちがなぜこのようなことをしているのか、その理由は大きく二つあります。ひとつは、エネルギーワークは個人的な霊的進化を加速させる深遠な効果があるので、人々がそれを受けられるようにすることです。

もうひとつの理由は、より惑星的な側面で、「ワールド・ティーチャー」の到来に備えるためです。ＴＫがたびたび私に言ったのは、「できるだけ早く、できるだけ多くの人にイニシエーションをしなさい」ということです。それは、できるかぎり多くの人々の意識を高めてエネルギー場をシフトさせることで、次にその存在が現れたときに受け入れる準備ができているようにするためです。

いま私がワールド・ティーチャーと言ったのは、西洋の人々が「キリスト」と呼ぶ存在です。違う名前で呼ぶ人たちもいます。仏教では「弥勒菩薩《みろくぼさつ》」と呼びます。イスラム教徒は、「イマーム・マハディ」と言います。おわかりでしょう。皆が師の現れを待っているのです。人々はこの人物をさまざまな名で呼びますが、真実をいえば、その師は同じ偉大な霊的ガイドです。その存在は、キリスト教徒とか仏教徒などのように一部の特定の人々にだけ現れるのではなく、すべての人に現れるのです。

第3章 エネルギー

……………ヴァージニアとアーヴィンの対話

VE　本書で取り上げるテーマの多くは、直接・間接を問わず微細《サトル》エネルギーに関係しています。これは多くの人にとって難しい概念です。なぜなら通常、それは「物質的でないもの」と定義され、その意味が理解できないか、あるいは目に見えないものが目に見える影響をもたらすことはできないと考えるからです。これについて見解をお願いします。

IF　まず最初に「微細エネルギー」という言葉について、私が意味するところを定義させてください。一般に「微細《サトル》な」という言葉を使うときは、検出が困難なものを指します。それと同様に、私は現在主流の科学機器で検出できないエネルギーを「微細エネルギー」と定義しています。微細エネルギーに関する私たちの現状は、あたかも電気の研究が始まったばかりの頃のようです。

当時、棚に吊るしたカエルの脚に雷が落ちると痙攣することは確認されていましたが、電気そのものは理解されておらず測定方法もなかった。それと同じで、私たちは微細エネルギーの影響を観察することはできますが、それを測定し定量化するための標準的な科学機器をまだ持ち合わせていません。いつの日かそのような測定機器ができれば、微細エネルギーも他のエネルギーと同じく現実のものと見なされるでしょう。

微細エネルギーは、少なくともその多くには質量がないようです。そのため、なぜそれが目に見える影響をもたらすのか、一部の人には理解しがたいのです。しかし光の粒子であるフォトンにも質量がありません。それでもフォトンの流れによる衝撃は、きわめて明白な効果をもたらします。太陽光発電ディスク、太陽光で回転するガラス球、光ビームによる扉の制御システムなどを見たことがあるでしょう。フォトンは質量を持ちませんが、物質を遠くに移動させたり、仕事をさせたりすることができます。同じように微細エネルギーも、質量はなくても仕事をすることができるのです。

VE　あなたの言う「仕事」は、エネルギーの科学的定義である「仕事をする能力」を思い起こさせますが、微細エネルギーもこの定義に含まれるとお考えですか？

IF　もちろんです。この定義は今でこそ当たり前になっていますが、熱、光、電気、重力など非常に異なって見える現象を統合するもので、まさに概念のブレークスルーでした。同様に、この定義は物理的エネルギーと微細エネルギーの概念をも統合するものです。宇宙には統合性があり、物理的エネルギーと微細エネルギーは同じ原理に則っています。例えば、物理的エネルギーも微細エネルギーも周波数と振幅を持っています。

微細エネルギーにできる最も重要な仕事は、自分自身に変化を生み出すことです。この本に紹介するイニシエーションも変化をもたらしうる例です。もっとスピリチュアルな言い方をすれば、エネルギーとは変化や変容をもたらす力であると言えるでしょう。

VE　物理的エネルギーと微細エネルギーの共通点はわかりましたが、では、違うところは何でしょう?

IF　物理的エネルギーと微細エネルギーの共通点および相違点を示す例として、遠隔伝送があげられます。物理的エネルギーと同様、微細エネルギーも遠くまで伝えることができます。読者のなかには、ラリー・ドッシーそのほか多くの先人たちによる、祈りの遠隔ヒーリング効果などに関する研究を読んだ人もいるでしょう。実際に東洋、西洋を問わず、遠隔でエネルギーのイニシエーションを行うことを許可している霊的教師もいます。

ただし微細エネルギーは、物理的エネルギーとは比較にならない速度で動くように見えます。一般に、微細エネルギーは光よりも高速で移動できると考えられています。これは信じられないかもしれませんが、なぜそうなのか、著名な科学者たちのあいだでもいろいろと議論があります。

最もよく議論されるモデルとして、スタンフォード大学名誉教授で材料科学工学科の元学科長であるウィリアム・ティラーの説があります。私は物理学者ではありませんが、ティラーのモデルでは、電磁波は横波、微細エネルギーの波は縦波と説明されています。微細エネルギーの波は海中を縦に伝わる圧力波に喩《たと》えられており、圧力波の速度は、表面波の横方向の速度に制限されないというのです。ティラーのモデルを詳しく知りたい人は彼の本*を読むといいでしょう。このモデルで興味深いのは、縦方向の微細エネルギーの波が、実際には従来の横方向の電磁波をつくり出していると解釈できることです。これは、現実の低い波動の層は、高い波動の層から現れているという古代のスピリチュアルな知恵とも一致します。

VE　微細エネルギーが光より速く伝わることを説明するモデルがあるというのは、どうしてほかの星系にいる存在から、こんなに速く地球までエネルギーが伝わるのかを理解する手がかりになるのではないでしょうか。

IF　そうですね。私が強調したいのは、どの微細エネルギーのモデルが正しかろうと、究極的には科学的な説明がつくということです。いまや私たちは、遠い祖先からすればまるで魔法のように見えるさまざまな通信手段を日常的に使っています。アーサー・C・クラークは、高度に進化したテクノロジーは魔法のように見えるものだと言いました。本書で紹介する微細エネルギーによるイニシエーションも、実のところ高度な技術なのです。魔法のように見えても、すべての

＊ "Science and Human Transformation: Subtle Energies, Intentionality, and Consciousness" by William Tiller（未邦訳）

微細エネルギーの現象と同じく、合理的な原理に則っているのです。

VE　そのほかに物理的エネルギーと微細エネルギーでは、どんな違いがあるのでしょう?

IF　互いに関連しあう二つの違いがあり、それについて述べたいと思います。ひとつは、物理的エネルギーよりも微細エネルギーのほうが人間の意識に反応しやすいということです。日常的な事例としては、思考が指を動かすといった体の動きに変換されることもそうです。道教では、思考が〝気〟を動かし、〝気〟が体を動かすといいます。

●シャクティとは

もうひとつ、これに関連した概念として、微細エネルギーにプログラムすることができるというものがあります。読者の皆さんも水晶にプログラミングが可能なことはご存知でしょう。もちろん実際にプログラムされるのは、水晶自体ではなくその微細エネルギー場です。プログラミングできる微細エネルギーという事実は、「シャクティ」の概念につながります。

シャクティとは、神（源《ソース》など別の言葉を使う人もいるでしょう）によって直接、あるいは神の心の純粋なパイプ役になれるほど霊的に進化した（アセンデッド・マスターや天使などの）仲介者によって、知的にふるまうようプログラムされた微細エネルギーのことです。シャクティという言葉は、「エネルギーは動きに宿る神である」という概念を言語化したものです。残念ながら、英語にはこの概念を表わす言葉が存在しません。そのため、私たちはヒンドゥーの「シャクティ」という言葉を使います。欧米人には、このシャクティという言葉を単にエネルギーの同義語として使う人もいますが、私は〝知的にふるまう微細エネルギー〟という意味で使っています。

VE　微細エネルギーとシャクティは別の概念なのですね。

IF　はい、シャクティは微細エネルギーのなかでも特殊なものです。すべてのシャクティは微細エネルギーですが、すべての微細エネルギーがシャクティというわけではありません。シャクティとそれ以外の微細エネルギーはしばしば混在しています。それらは協調して作用し、私たちには見分けがつかないようなやり方で進化をサポートするのです。ですから私が「微細エネルギー」と言うとき、シャクティ以外の微細エネルギーの可能性も含んでいます。

どっちがどっちということを意識しなくても、シャクティとそれ以外の微細エネルギーの混在した恩恵を受け取ることができます。大切なのは、シャクティを受け取るタイミングを知ることです。この本に書かれているすべてのイニシエーションは、シャクティを用いるおかげで有効に作用するのです。

VE　シャクティというテーマは、明らかに際立って重要ですね。きっと多くの読者には耳新しいテーマであり、はじめて聞いた人は驚いているかもしれません。

IF　私たちの文明ではふつう、エネルギーといえば物理的な意味でのみ考えます。ほかの多くの文明、特に東洋文明には、何千年も昔からエネルギーに関するスピリチュアルな理解が存在していました。しかし、西洋文明ではいまようやく広まりつつある段階です。本書のすべてのイニシエーションの背景には、こうした霊的な文脈があります。それはこの本のイニシエーションだけでなく、もっと広い範囲について言えることです。西洋文明は、微細エネルギーや、他の文明ですでによく知られているエネルギー体系について、いまだ学びの途上にあるのです。西洋は最初にチャクラと経絡《けいらく》について学んだという歴史的理由により、結果的に多くの人が、それがすべてであるいは重要だと思い込んでしまいました。ですが、私たちがいまや最も親しんでいるこれらの文明からも、まだまだ学ぶべきことがたくさんあるのです。

例えばヒンドゥー教には、チャクラだけではなく、マルマと呼ばれるエネルギー体系についても膨大な知識があります。骨、関節、筋肉、靭帯、血管、神経などの集結点に存在するそれらの中枢には、生命エネルギーが集中しているのです。そのように、私たちがあまり馴染んでいない伝統からも学ぶべきことは数多くあります。ほかにも、スーフィズムにはラティフ、ユダヤ教の伝統であるカバラにはセフィロトもしくは生命の樹、ハワイ伝統のフナにはアオと呼ばれるエネルギー体系についての知識があります。チャクラや経絡の知識と、それ以外のエネルギー体系への働きかけを組み合わせることで、チャクラと経絡だけに働きかけるよりもはるかに大きな効果が得られることが経験上、わかっています。

これらの多種多様な知識をすべてマスターすることは、いかなる人間の知的能力をも超えています。ところが、シャクティという媒体を通すことで、あまり馴染みのないエネルギー体系をも非常に奥深いやり方で扱うことができるようになるのです。すでに述べたように、シャクティは物理的エネルギーではなく微細エネルギーであること、そして誰の個人的エネルギーでもないことを理解する必要があります（例えば、本書のイニシエーションにつながるシャクティは、著者個人のエネルギーでもなければ、それらのイニシエーションを授けるマスターの個人的なエネルギーでもありません）。

シャクティという概念は多くの人にとって目新しいものかもしれませんが、私たちは皆、日常的にこれらのエネルギーを体験しています。シャクティは全宇宙を満たしています。実際、このエネルギーが存在するからこそ、私たちは生命を通してこの宇宙の壮大な構造と秩序を目にすることができるのです。シャクティは現実のあらゆるレベルで作用しています。宇宙の物理的進化、生物の進化、そして私たちの個人的な霊的進化に方向性を与えてくれるものです。シャクティは、スピリットの日常的な仕事道具なのです。

VE　「スピリットの日常的な仕事道具」とは、例えば？

IF　例えば、多くの祈りは、神に代わって天使などの霊的存在がシャクティを使って応じています。これについて説明する前に、二つの一般原則を述べましょう。第一に、霊的世界は私たちの祈りに応じて外的状況を変えることもできますが、もっと望ましいのは、私たち自身が状況を変化させられるよう内的成長を遂げることです。第二に、あらゆる意識状態はそれにふさわしい微細身《サトルボディ》の状態と結びついているということです。はじめに自分の微細身にふさわしい状態を引き入れた場合、何らかの意識状態を促すことはできても強制することはできないのです。

では、この二つの原則がわかったところで、人生の難題に対して内なる強さを祈る人の例を考えてみましょう。その祈りに応えるひとつの方法は、霊的存在がシャクティを使うことで、その人の微細身のエネルギー場を、内なる強さを体験している人のものに近づけることです。こうしたシャクティの使い方は本人の自由意志を尊重しています。変化を促しますが、強制はしません。その人が自分でなすべき仕事があるのです。みずからの意識が変われば変わるほど、それに応じてシャクティが共鳴し、より深い変化を促すようになります。シャクティは知的にふるまうので、その人に合わせて何をするかを調整するのです。

またこの例は、霊的存在が変化を起こすとき、魔法の杖を一振りして何の介在もなしに事を起こすわけではないということも物語っています。物質世界の変化はエネルギーの交換によって起こり、微細な領域（つまり物理的領域よりも高次の現実界）の変化もまた、エネルギーの交換によって起こるのです。

VE　お話はわかりましたが、別の疑問が浮かびます。もし神や霊界に求めることでシャクティの恩恵を受け取れるのなら、例えばこの本にあるイニシエーションのように、どうして地球外のマスターといった特定の仲介者から特定のエネルギーを受け取る必要があるのでしょうか。

ＩＦ　実のところ、ある種のシャクティは仲介者を経由して受け取らなければならないのです。シャクティの周波数によって、その仲介者はグルのような肉体を持った人間であったり、非物質的な霊的存在であったり、あるいはどちらでもよい場合もあります。なぜ仲介者が必要なのかというと、理由はおもに三つあります。まず、多くのエネルギーには、その意味や使い方、安全上の注意などといった詳細な情報が含まれているのです。ほとんどの人はこの情報を受け取れるほどテレパシーが発達していません。つぎに、多くのエネルギーは強力すぎて、受信者のエネルギー場に直接送るのは安全ではないからです。そのため、高度に発達した微細身を持つ仲介者のエネルギー場を経由し、変換器のようにパワーを下げて受信者に転送する必要があるのです。三番目の理由は、受け取る人が仲介者と接触することで、ほかの人々に接したり、仲介者が持つ霊的伝統の知恵に接することができるからです。こうした仲介者の背景には、その伝統を生み出した古くからの知識の集積があります。私たちが孤立することなく、愛する兄弟姉妹とともに進化していくことが神の願いなのです。

ＶＥ　神についてお尋ねしたいことがあります。私は神を思うとき、すべての存在の背後にある創造のエネルギー、生命を与えるダイナミックなスピリットが思い浮かぶのです。これは現代の科学的な世界観とどのように折り合いがつくのでしょうか。
ＩＦ　シャクティの役目を理解することは、科学的な世界観と霊的な世界観のギャップに橋を架けることになるでしょう。物理学の熱力学第二法則によれば、物質はそれ自体でエントロピーが増す、つまり無秩序が増大する方向に動くことがわかっています。例えば、部屋を片付ける努力をしなければ、きれいになるどころか、ますます散らかる一方です。建物を放置しておくと、いずれは荒廃して崩壊してしまいます。
ところが生きているものについては、どこを見ても秩序、成長、進化を感じます。人間は数個の細胞から成長し始め、やがて数百万ものさまざまな種類の細胞へと育ちます。どうしてそんなことが可能なのでしょうか？　ある細胞は皮膚の細胞になることを、別の細胞は腎臓の細胞になることを、いったいどうやって知るのでしょう。科学は答えをＤＮＡに求めます。しかしながらＤＮＡは単なる設計図にすぎず、みずから体をつくり上げることはできません。それは家を建てるための設計図でしかないのです。ではＤＮＡという設計図の背後で導いている力とは何でしょうか。その答えは、シャクティという概念にあります。
ＶＥ　神とシャクティは同じだということですか？
ＩＦ　いいえ、違います。シャクティは究極的には〝源《ソース》〟から来ています。〝源《ソース》〟とは、宇宙の起源であり、宇宙を支える力のことです。人によってこれを神と言い、または宇宙心、タオ、そのほかさまざまな名で呼びます。そしてシャクティは〝源《ソース》〟を究極の起源として知的にふるまいますが、だからといって〝源《ソース》〟と同一視すべきではありません。むしろシャクティは、〝源《ソース》〟が伝えるためのツールなのです。非物質的であっても、ツールすなわち道具であることに変わりはありません。またシャクティは、その知的なふるまいから、ときに生きた存在であるかのような印象を与えますが、そうではありません。シャクティを非物質的なコンピューターに喩える人もいます。

シャクティは、肉体を持つ師から、あるいは地球外のマスターから伝授されようとも、究極的には〝源《ソース》〟から来ているということを忘れないでください。シャクティは、それぞれの存在に由来するものではなく、誰かの個人的なエネルギーでもありません。まさに宇宙が物理的な成長を維持するために必要なものをすべて供給するように、〝源《ソース》〟は私たちの個人的な霊的成長のためにシャクティの贈り物を提供するのです。私たちがすべきなのは、イニシエーションに対して心を開くこと、シャクティの恵みを受け取ること、そしてその上で、みずからの個人的な霊的変容のためにシャクティと積極的に共同創造することです。

人がイニシエーションを受けるとき、透視力のある人は、シャクティが自分のオーラや肉体に流れ込むエネルギーとして見えるかもしれません。温かさ、ピリピリ感、チャクラが活動する感覚などとしてシャクティを体験する人もいるでしょう（チャクラについては第4章のあとのほうでまた説明します）。あるいは、いわゆる「神の音」と呼ばれる精妙な音を聞く人もいます。すべてのシャクティには、神の光も神の音も含まれていますが、その割合はシャクティによって大きく異なります。霊的世界は物質世界よりも統合されているので、物理的な光と音のあいだにあるような分離は、神の光と神の音のあいだには存在しないのです。またシャクティの体験は、ネガティブな思考や感情が浄化されたり、愛や慈悲や喜びなどのポジティブな思考や感情が湧いてきたりなど、効果だけが感じられる人もいるでしょう。この本のイニシエーションを受けたら、自分の体験を記録しておくと、変容の様子や程度を把握するために役に立ちます。特に微細エネルギーを感じにくいという人にはとても有効です。

シャクティを理解するために最も基本になる概念は、次の三つです。

1. シャクティは知的にふるまう。
2. シャクティには多種多様なものがある。
3. シャクティは、自分のエネルギー場に永続的に埋め込むことができる。

それぞれ、順番に説明していきましょう。

●シャクティは知的にふるまう

シャクティが知的にふるまう例をあげましょう。シャクティは、ネガティブな感情を浄化するとき、その感情が最も蓄積されている特定のチャクラに直接向かいます。シャクティが知的にふるまうということには多くの重要な意味がありますが、そのすべてが明らかなわけではありません。シャクティを活用することで、個人的な知性だけを使うよりもずっと多くのことが成し遂げられます。チャクラの浄化に作用するシャクティについて考えてみましょう（後述するように、シャクティの種類によって作用するチャクラも達成する目的も異なります）。シャクティは、個々のチャクラごとに働きかけるよりも迅速に、より多くの情報に、チャクラの構造全体にアクセスすることができるのです。実際、強力なシャクティを十五分、二〇分と体験した人のオーラ写真には、多くのエネルギー療法士も驚くほどのチャクラの変化が写ります。シャクティは、チャクラのような周知のエネルギー体系における膨大な量の詳細にアクセスする力を持つだけでなく、アオ、マルマ、ラティフ、セフィロトといった、重要なのにそれほど知られていないシステムに関する情報にもアクセスできるのです。

チャクラに関する本は数え切れないほどありますが、私たち西洋人が知っていることはほんの一部です。しかしシャクティは知的で、どんな人間よりもはるかに多くのことを知っています。

VE　だからシャクティは、私たち自身が知らなくても、私たちに必要なものを知っているのですね。

ーF　そうです。シャクティの知的なふるまいが与えてくれる利点のひとつは、私たちの盲点に働きかけることができるというものです。私たちは皆、どれほど進化しても、自分自身についての重要な真実が見えていません。もし見えていれば、私たちは今よりもっとずっと進化しているはずです。こうした盲点は自己増殖します。例えば自分の感情を恐れている人は、チャクラを開くワークをするとき、感情を多く呼び起こしそうなチャクラにはたぶんあまり注目しないでしょう。するとアンバランスがそのまま維持されます。しかしながら、シャクティは私たちの恐れよりも知的です。チャクラの開放を促し、その性癖に屈することはありません。

別の例をあげると、私たちの誰もが否定的な信念を持っていますが、たいていの人はそれに気づいていません。あまりにも強く囲い込まれているため、現実に対する否定的な認識としてでなく、それを現実そのものだと勘違いしてしまうのです。けれどもシャクティは私たちの習慣よりも知的です。シャクティはネガティブな想念パターンを一掃し、個人的な信念を受け取りません。ネガティブな想念パターンというのは中身が何であれ、シャクティにとって低い波動を持っているのです。

シャクティは知的にふるまうので、その人のために何をするかをカスタマイズできるという、重要な力があります。例えば、人の左右のエネルギーバランスをとるという目的を持ったシャクティは、その人特有のアンバランスなパターンに応じて、左半身の電荷量を増やしたり減らしたりするのです。カスタマイズの度合いも驚くほど大きくなり得ます。また、あるシャクティは頭頂のクラウン・チャクラへの作用に特化されており、そのチャクラの千枚以上もの花びらに個々に働きかけることさえできるのです。

●シャクティには多種多様なものがある

シャクティを理解するうえで基本になる二つ目の概念は、宇宙には一種類のシャクティしか存在しないわけではないことです。きわめて多種多様な、数多くのシャクティがあります。シャクティはみな千差万別です。透視できる人は、色の違いがわかるでしょう。エネルギーの感触に敏感な人は、滑らか、ざらざらしているなど、質感の違いを感知します。また熱いとか冷たい、あるいは電気のように感じる人もいるでしょう。エネルギーのなかにはさまざまな幾何学的な動きをし、直線状や円状、螺旋状に動いたりするものもあります。

このようなエネルギーの識別が重要である理由は、実際にできることがシャクティによって大きく異なるからです。それらは人体のそれぞれ別の中枢やシステムに働きかけます。ひとつのシャクティですべてを行おうとするのは、ひとつの道具だけでビルを建てようとするのと同じです。例えばチャクラのシステムだけに働きかけるシャクティもあれば、経絡だけに働きかけるシャクティもあり、またはその両方に働きかけるものも、どちらにも働きかけないものもあります。眉間のチャクラなど、もっぱらひとつのチャクラのみに作用するシャクティもあります。ただしその場合でも機能はシャクティによって異なります。夢の解釈を助けるもの、記憶力を助けるものなど、いろいろです。その人全体のために包括的な働き方をするシャクティもありますが、概してそれは特定のポイントに作用するシャクティほど強くはありません。

VE　霊的伝統の違いによって、チャクラや経絡など、エネルギー解剖学の異なった部分に焦点が当てられているため、それぞれの伝統で別のシャクティを使っているように見えますが、どうなのでしょう。同じ伝統においては、たいていエネルギー全体にある種の類似性が見られるのではないでしょうか。

IF　確かに、霊的伝統によって異なるシャクティが使われています。ひとつの伝統のなかでシャクティはある種の全体的な類似性を帯びる傾向があり、それによって他の伝統のエネルギーと区別されます。しかし一般化することには限界があり、同じ伝統内のエネルギーでも多様性があることを知っておくべきです。

エネルギーに敏感で、さまざまな伝統のシャクティに精通している人は、言われなくてもしばしば特定のエネルギーがどの伝統と結びついているかを認識できます。例えば、ある種の仏教の瞑想のエネルギーは、はてしない大空のような質を持つ宇宙心によってわかります。また、ハワイのフナの伝統的なエネルギーは、大海原のような宇宙心の質に気づくことで認識されます。

多くの人は、それぞれの伝統的エネルギーに対して異なる反応パターンを持っているようです。例えば、仏教のエネルギーには強く反応するのに、ヒンドゥー教のエネルギーにはあまり反応しない人もいます。またヒンドゥー教のエネルギーには強く反応しても、仏教のエネルギーにはあまり反応しないという人もいます。音楽や食べ物などの物理的エネルギーに人々が個別に反応するのと同じで、それぞれの霊的伝統のエネルギーに対する反応も人によってまちまちです。そのため、エネルギーの世界に興味がある人は、さまざまな霊的伝統のエネルギーを体験してみるといいでしょう。ちなみに、前世で修行していた霊的伝統は、今世で別の伝統のエネルギーにどう反応するかに大きく影響します。

本書で紹介する星のイニシエーションの素晴らしい特徴のひとつは、〝人類の普遍的遺産〟ともいえるエネルギー周波数に働きかけることです。今世の自分、前世の自分がどうだったかに関係なく、誰もがこれらのイニシエーションから恩恵を受けられるのです。

VE　それほど多くの種類の微細エネルギーがあることを知りながら、どのようにそのすべてを把握すればいいのでしょう。何らかのカテゴリーに分類できるのでしょうか？

IF　西洋文明が学んできた古代の伝統はすべて、多様なエネルギーの分類方法を備えています。例えばヒンドゥー教の伝統においては、人間の各機能がそれぞれのエネルギーと関連づけられています。意図や意志はイッチャ・シャクティ、行為はクリヤ・シャクティ、知識はジュニャーナ・シャクティと結びついています。また体内の働きについても、呼吸はプラナと呼ばれるエネルギー、循環系はヴィヤナ、消化系はサマナ、老廃物の排出はアパナ、肉体とスピリットのつながりはウダナと呼ばれるエネルギーに支配されます。

肉体の各部は、チャクラごとに異なるシャクティと関連づけられています。さまざまな名前で呼ばれますが、よくあるのは次のような組み合わせです。ベース・チャクラはダキニ、仙骨のチャクラはラキニ（Rakini）、みぞおちのチャクラはラキニ（Lakini）、ハート・チャクラはカキニ、喉のチャクラはシャキニ、眉間のチャクラはハキミ、そしてクラウン・チャクラはチャイタニヤが司っています。ヒンドゥー教での区別については、ほかにも多くの例をあげることができ、ここに紹介したのは主要なものだけです。

また、ハワイの伝統文化であるフナでは、自然界のさまざまな物理的な光の質が、各種の霊的な微細エネルギーと関連づけられています。エネルギーの種類を識別することは決して無意味ではありません。すべてのエネルギーを同じものと考えてしまうと、微細エネルギーの科学を真に理解することはできないでしょう。すべての元素を同じものと見なしてしまえば、化学を科学的に理解できないのと同じです。

VE　こうした識別は、どうして現代のアメリカなどでは失われてしまったのでしょう。

ＩＦ　ひとつの答えとして、まず現代の西洋文明、特に最近のアメリカ文化の特徴に関係がありいます。つまり手っとり早い答えを見つけて、すぐに当てがおうとしすぎるのです。ニューエイジの文化では、多くの学生たちがコースからコースへと飛び回り、エネルギーの知識の源泉である古代の叡智をじっくり研究するために立ち止まったり、知識を応用してみたりする時間はほとんどありません。こうした古代の叡智を学ぶには長い年月がかかりますが、それに見合うだけの充分な収穫があるのです。

もうひとつは、英語にはエネルギーの種類を表わす語彙がないことです。そのため、「普遍的な生命エネルギー」という言葉がよく使われます。しかしこの言葉は、深刻な誤解の種を孕《はら》んでいます。「普遍的な」という言葉は「どこにでも存在する」という意味であり、「独特な」という意味はありません。物質界では、熱は宇宙全体に存在するので「普遍的な物理的エネルギー」と言えるでしょう。また、重力のエネルギーも「普遍的な物理的エネルギー」の一種と言っていいかもしれません。しかし熱と重力は、それぞれ別のエネルギーです。

物理的エネルギーに非常に多くの種類があるように、微細エネルギーにもきわめて多くの種類があるのです。これは、どの鉱物もそれぞれユニークな形而上学的エネルギーを持っていることからも明らかです。アメジストの性質はローズクォーツと同じではありません。もしも宇宙に微細エネルギーが一種類しかないのであれば、すべての鉱物は一種類のエネルギーだけを発し、みな同じ形而上学的性質を持つことになります。フラワーエッセンスもそれぞれ形而上学的な性質が異なりますが、宇宙に微細エネルギーがたったひとつだけなら、すべての花の形而上学的性質が同じということになってしまいます。

VE　それでも、あらゆるエネルギーは同じ〝源《ソース》〟から来ているのですね？

IF　もちろんです。ニューエイジの文化では、現実をあまりにも単純化して「普遍的な生命エネルギー」のみを語る傾向があるので、バランスをとるためにも微細エネルギーの多様性を伝えたかったのです。多様性を知ることで、究極的にはすべてのエネルギーの根底に統合性が潜在することが明らかになります。なぜなら、物理的エネルギーも微細エネルギーも、すべてのエネルギーはみな結局のところ、宇宙を創造し維持するひとつの〝源《ソース》〟から来ているのですから。だからといって、この究極の統合ゆえにすべての微細エネルギーを同じと見なすのは誤りです。

宇宙の究極のワンネスを体感することは、美しく深遠な高揚感をもたらします。私たちは皆、究極的には〝源《ソース》〟から生まれていますが、すべての人を同じとは見なしません。それと同じように、すべてのエネルギーを同じだと見なさなくても、ワンネスを信じることはできます。実際、「一」が「多」として現れること自体が、〝源《ソース》〟の壮大なる美しさなのです。

エネルギーにはきわめて多くの種類があるという事実は、これまでこうした教えに接したことのない人にとっては理解しにくいかもしれません。けれどもこの多様性への理解は、豊かさと力とを与えてくれます。私たちの生活が、赤、オレンジ、黄色など、色とりどりの物理的な光に彩られて豊かになり力を与えられるように、多種多様な霊的な光の現れによって人生は豊かになり、力を与えられるのです。

●シャクティは、自分のエネルギー場に永続的に埋め込むことができる

VE　では、シャクティは知的にふるまい、数え切れないほどさまざまなシャクティが存在することを知ったうえで、シャクティに関する三番目の重要な概念とは？

IF　シャクティは、肉体を持つ存在あるいは非物質的な霊的存在からシャクティのイニシエーションを受けることによって、自分のエネルギー場に永続的に埋め込むことができます。ただし自分がシャクティのイニシエーションを受けたからといって、それを他者に伝授したり与えたりする力を得るわけではありません。それはまったく別のことです。また、それぞれのイニシエーションは、ある特定のシャクティのみを使用します。伝統によっては、イニシエーション後にマントラや視覚化など、シャクティの恩恵を受けるための儀式や作法を必要とするものもあります。あるいは本書のイニシエーションのように、シャクティの恩恵を体験するための儀式や継続的な修練を特に必要としないケースもあります。どんな場合でも、最も有効なのは、変化を受け入れ、個人的な霊的成長のために積極的にシャクティと協働する姿勢です。

イニシエーションはつねに、孤立した自分としてでなく、惑星に住むひとりの人間として受けるということを心にとめておいてください。すべての人間は、母なる地球と密接につながっています。事実、人類全体の進化と惑星地球の進化は緊密な関係にあるのです。どちらかの進化が加速すれば、結果的にもう一方の進化も加速され、どちらかの進化が阻害されればもう一方の進化も妨げられることになります。

なぜそうなのかというと、地球のグリッドワーク・システム（以下、地球のグリッド）の構造と機能を理解することが役に立ちます。まず「地球のグリッド」について説明しましょう。この言葉を物理的な意味で電磁波エネルギーとして使う人もいますが、本書ではおもに、（非物理的な）微細物質で構成された、（物理的ではない）微細エネルギーの流れを導く地球のネットワークシステムという意味で使っています。

地球を理解するには、人間に喩えるのがよいでしょう。人間は肉体を持ち、さらに入れ子状になった微細身が相互に浸透しあって肉体を取り囲んでいます。同様に、地球にも物質的な体があり、それを取り囲むように入れ子状に微細エネルギー体が存在しています。地球のグリッドは、いわば地球の微細身であり、物理的な地球に浸透しながら包み込んでいるのです。このエネルギー網は三次元のマトリックスを構成しており、地球上のすべての場所（陸地、海洋、空中）に存在し、生物を含むあらゆるものを結びつけています。レイライン（聖地を結ぶ直線）は、主要なエネルギー網の近くにもありますが、つねにそうだとは限りません。地球のグリッドは微細エネルギーを受け取り、蓄積し、変換し、伝達します。このシステムには三つの主要な機能があります。ひとつは、あらゆる生きものを地球につなぐことです。二つ目に、すべての生きものどうしを互いに結びつけることです。そして三つ目は、人間や霊的存在（地球上と地球外の両方を含めて）から微細エネルギーを受け取ることです。

地球にエネルギーを送ることは、目に見えない霊的存在が人類を支援するとともに、過度に干渉せず私たちの自由意志を尊重するという彼らの責務でもあります。これらのエネルギーは、地球上に自然に存在するエネルギーと結びつき、それらを補完し、効果を増大させます。イギリスのストーンヘンジやアメリカのアリゾナ州セドナなど、聖地のエネルギーを体験したあと、個人的な霊的進化が加速されたことに気づいた人も多いでしょう。岩や植物が発する微細エネルギーに触れることで、地球上の誰もが経験していることをより早く、より凝縮された形で体験することができるのです。人類を援助している目に見えない霊的存在たちは、長い歴史を通して地球の岩や植物や水にエネルギーを送り続けてきました。そしていま、より高いギアにシフトしつつあります。私たちはより多くのエネルギー、より強いエネルギーを受け取っており、そのエネルギーはより速いスピードで入ってきています。だからこそ、とても多くの人が、進化のスピードが加速していると感じるのです。

地球のグリットが築いている相互関係を理解すれば、地球の進化プロセスと人類の進化プロセスがいかに依存しあっているかがよくわかるでしょう。地球のグリッドの波動が高まれば、あるいは目に見えない霊的存在がグリッドに新たなエネルギーを加えれば、人間をはじめ、地球に住むすべての生きものに良い影響がもたらされます。

イニシエーションを受けると、新たな周波数の存在によって微細身が豊かになるため、あなたの波動が上がります。あなたのこの内なる変容は、地球のグリッドを通して広く伝わり、地球とそこに住むすべての生きものに何らかのポジティブな効果をもたらすことになるでしょう。もちろん、その効果の大きさはイニシエーションの種類によります。この本に書かれている星からのエネルギー・イニシエーションが直接影響するのは人間だけですが、間接的には地球にも良い影響を及ぼします。これらのイニシエーションを受けることで、あなたは微細エネルギーの周波数を放つようになり、それはあなた自身やまわりの人々のためだけでなく、母なる地球のグリッドとチャクラ、特に地球のハート・チャクラのために役立つでしょう。あなたが意識的に努力しなくても、生きているだけでそうなるのです。

人間に七つの主要なチャクラがあるように、母なる地球にも七つのチャクラがあります。人間のハート・チャクラがその他のチャクラを調和させ、バランスをとり、育むのと同様、地球のハート・チャクラもその他のチャクラを調和させ、バランスをとり、育むように機能するのです。さらに地球のハート・チャクラは、地球自体のチャクラに働きかけるだけでなく、異民族のあいだに包容力をもたらし、世界の平和を推し進めます。地球のハート・チャクラはゴビ砂漠北方にあるシャンバラに位置しています。ときに地球のハート・チャクラとして言及されるストーンヘンジは、実際には地球の丹田の近くにあたります。

人の丹田は、へそから指二、三本くらい下、体表から数センチ内側にあり、全身のエネルギー分配を司る重要な中枢です。同じように地球の丹田は、地球の微細身ともいえるグリッド全体のエネルギー分配を司っています（地球のグリッドとハート・チャクラについては、第5章のアルクトゥルスのイニシエーションでまたお話しします）。

ここで明らかにしておきたいのですが、私たちはイニシエーションへの幅広い理解と、その日常生活での意味に重点を置いているので、イニシエーションのプロセスの技術やメカニズムについてはあまり詳しい説明はしません。イニシエーションを行うために、その複雑なメカニズムの詳細を理解している必要はないからです。電灯をつけるのに電気工学の理論を知っている必要はないのと同じです。

ただしイニシエーションのプロセスで受け取るエネルギーの価値については、次の章で簡単にお伝えしたいと思います。微細エネルギーのイニシエーションは、目には見えなくてもはっきりと実在するあなたのエネルギー場に、結果として永続的な変容をもたらします。肉体を囲んで浸透し合うそのエネルギー場に、以前は存在しなかった微細エネルギーの周波数が加わることで、それはより豊かに充実します。周波数の高さや違いは場合によってさまざまですが、いずれにしても、それによって世界における私たちのあり方に質的変化が促されるのです。これらのイニシエーション、すなわち星々の霊的マスターたちがもたらすエネルギーの祝福は、成長と貢献を望む人々にとってエキサイティングで貴重なエネルギー体験となるでしょう。

第4章 イニシエーション

……ヴァージニアとアーヴィンの対話

VE　さて、エネルギーがどういうものか明らかになったところで、それがイニシエーションのプロセスでどう用いられるかという話に入りましょう。まず、イニシエーションについて簡単に説明をお願いします。

IF　「イニシエーション」という言葉は、「始める」を意味するラテン語から来ています。真のイニシエーションとは、新しい始まり、新たな〝あり方〟のことです。これはよく「門をくぐる、入門する」とも喩《たと》えられます。チベットのマスターDKは、アリス・ベイリーを通じた著作でしばしばこの比喩を用いています。

日常の生活では、イニシエーションというと例えば高校や大学の卒業式、結婚式、または社会貢献団体への入会など、さまざまなものがあるでしょう。あるいはキリスト教の洗礼や、ユダヤ教のバルミツバー（男子成人式）のような宗教的イニシエーションの儀式も数多く存在しています。けれどもこの本で述べるイニシエーションとは、ある種の〝霊的秘儀〟としてのイニシエーションのことを指します。

霊的なイニシエーションは、意味とメカニズムという二通りの観点から定義できます。イニシエーションの内的な意味からは、「体現された魂としての自分に気づいていくプロセス」というDKの定義を引用するのがよいでしょう。イニシエーションは、直接こうした意識を高めることもあれば、無条件の愛を経験する力のような何らかの特性を促すことによって意識の進化を助けることもあります。また、メカニズムの観点から見れば、イニシエーションのプロセスは「方向づけられた一連の漸進的なエネルギーの衝撃」であるという定義を、DKはアリス・ベイリーの著作を通じて述べています。

秘教的な観点からすると、イニシエーションはあなたの微細身《サトルボディ》のエネルギー場を永続的に変容させるものです。イニシエーションは知的な学習ではなく、あなたという構造そのもの、すなわちあなたの存在を永続的に変化させるものだと理解してください。秘教的な世界観では、私たち一人ひとりが入れ子状に連なったエネルギー場に囲まれています。ほとんどの人はこれらの領域に気づいていませんが、それはとてもリアルに存在していて、その状態は人類意識や世界におけるあなたのあり方に大きな影響を及ぼします。自分自身や環境や他者との関係をどう捉え、どうふるまい、どう感じるかに作用するのです。私たちは日常生活でエネルギーがちょっと変わるだけでも思考や感情に大きな変化が生じることを知っています。例えば気分が落ち込んでいると、音楽をかけたり、運動したり、窓を開けて新鮮な空気を取り入れたりするでしょう。イニシエーションの目的は、あなたのエネルギー場に永続的な変化をもたらし、世界におけるあなたのあり方を変容させることなのです。

VE　イニシエーションは、限られた少数の人だけを惹きつける特殊なテーマなのか、それとももっと大きな広がりを持つ枠組みとして見るべきでしょうか。

IF　個人的な霊的成長を真剣に求める人であれば、誰にとってもイニシエーションは関心の高いテーマでしょう。イニシエーションは、宇宙がどのように構成されているか、その心臓部なのです。これを理解するためにはまず、霊的な進化には終わりがないという基本的事実を認識する必要があります。スピリチュアルな道のりにおいて、ひとつの道しるべとして「悟り」という標識が立てられるようになりました。この言葉を使うことには危険が伴います。あたかも最終的な安住の地、終着点があるかのように伝わりかねないからです。終着点はありません。これは、どれだけ長い道のりを歩んでも神とのあいだには隔たりがあると気づくことで理解に至ります。神秘的な伝統は、私たちが神の顕現であることを教えてくれますが、それは神と同等だという意味ではありません。愛や慈悲や知恵といった神聖な資質を顕在化させるためには、どこまでいってもまだ先があるのです。

霊的な進化に終わりはないと気づけば、先に道を進んでいる存在からイニシエーションを受けることで得るものがあるのは明白です。例えば、私の多くの師のひとり、チベットのマスターであるDKでさえ、彼自身の師クートフーミから今でも教えとイニシエーションを受けていると、アリス・ベイリーのチャネリングによる著作で語っています。そして師クートフーミもまた、いまだに彼の師から教えとイニシエーションを授かっているというのです。この大いなるイニシエーションの連鎖をたどっていくと、最終的には宇宙で唯一、イニシエーションの恩恵を受けない存在である神にまでさかのぼることになります。

私たち人間だけがイニシエーションを受けているのではありません。地球もイニシエーションを受けているのです。地球のイニシエーションは、人類が受けるイニシエーションと連動しています。そしてこの地球と人類の二つのイニシエーションは、私たちの太陽が受けるイニシエーションとつながっており、太陽が受けるイニシエーションはほかの恒星が受けるイニシエーションとも連動しています。宇宙全体は、互いに絡み合うイニシエーション・システムの巨大なネットワークだと見なすことができるのです。このネットワークの広大さ、壮大さは、その美しさに匹敵するものです。

すべての人にとってイニシエーションが必要だというのではありません。霊的進化に取り組むかどうかは、まったく自分次第です。けれども私たちは皆、このゲームに参加しています。私たちは誰も独りでは存在していません。これこそ、愛が私たちに教えてくれる偉大なレッスンなのです。他の助けを借りないとできないのではなく、それだけ時間がかかるということです。それを助けなしにやろうとするのは〝車輪の再発明*〟と同じです。

VE　いま例として、肉体を持たない師からのイニシエーションについて話されましたが、グルなど地上の教師からイニシエーションを受ける場合もこれと同じでしょうね。

IF　もちろんです。私がこの例をあげたのは、肉体を持たないマスターでさえイニシエーションを受けていることを強調したかったからです。実際、そこにはいくつか、あるグラウンディングのイニシエーションのように、肉体を持つ教師から受けなければならないものもあります。なぜなら非身体的なマスターでは波動が高すぎるからです。

つまりイニシエーションには、身体的存在からでないと受けられないものもあれば、非身体的存在からでないと受けられないものもあり、またどちらからも受けられるものがあるのです。

VE　イニシエーションは、個人的な霊的成長を追求する人にとって関心が高いということですが、これについてもう少し話してくれませんか。

IF　まず強調したいのは、イニシエーションは、〝個人的な霊的成長〟というワークを継続さ

＊車輪の再発明とは、すでに広く認知されたり確立されている技術や方法をふたたび最初から開発することを喩えた慣用句。

せるための手段ではないということです。しかし、イニシエーションは劇的に成長を加速させます。これは私自身がワークを通じて見てきたことにもとづいており、また何千年間もエネルギーのイニシエーションを実践してきた多くの秘教的伝統が到達した結論でもあります。エネルギーのイニシエーションがこれほど効果的に成長を加速させることができるのは、受け手にシャクティ、つまり知的にふるまう非物理的エネルギーを永続的に付与するからです。霊的なイニシエーションからもたらされる恩恵はすべてシャクティによるものです。

個人的な霊的成長に興味がある人は、この本に書かれているイニシエーションを選択することを真剣に検討し、その選択によって自分が受け取るエネルギーを幅広く見つめてみることをお勧めします。最初の章で述べられたように、誰もが意識しているかどうかにかかわらず、エネルギーを受け取ることについて、四つの可能な選択肢のうち一つ以上を選んでいるのです。第一の本質的な選択は、外なる存在からのエネルギーを意識的に受け入れるか拒否するかです。

第二の選択は、自分を超えた、より大きな〝源《ソース》〟を認識するかどうかです。それは性別、年齢、人種、肌の色、文化、信条などに関係なく、いつでも誰でも利用できる、あまねく存在する霊的エネルギーの無限の宝庫です。これらのエネルギーは、特定の霊的存在（例えば、イエス・キリスト、聖母マリア、仏陀、自分の守護天使など）に対して祈りや請願をするたびに受け取ることができます。あるいは特定の存在でなくとも、神、光、真実、源《ソース》といったエネルギーに願ったり呼び出したりすることもできます。こうした人類共通のエネルギーは、助けを求めるどんな呼びかけにも応えてくれるのです。唯一の必須条件は、求め、受け取る意志です。

第三の選択は、東洋のグルなどのように地上の肉体を持つ教師から、系統的なイニシエーションを受けることです。特に重要なイニシエーションについては、安全や効果に関して信頼できる組織やグループの正統な教師から受ける必要があります。またイニシエーションを受ける側にも、そのイニシエーションの意義や効果や使い方についてある程度の自覚が求められます。

第四の選択は、本書で紹介する七つの星系のマスターのように肉体のない霊的なマスターから、エネルギーの系統的イニシエーションを受けることです。第二、第三の選択に加えて、この第四の選択をすることは、いま人間にできる最も有益で美しい決断のひとつになり得ます。

●星からのイニシエーションはエネルギーの祝福

ＶＥ　では、四つの選択をおさらいしたところで、この本で伝えるイニシエーションに話を進めたいと思います。これらのイニシエーションの目的や仕組みについて、概要を教えてください。

ＩＦ　本書で紹介するのは、地球外の七つの星系からの霊的マスターたちによるイニシエーションです。ただし、七つの星のイニシエーションを受けるためには、その前にまず二つの予備イニシエーションを受ける必要があります。これら九つすべてのイニシエーションの第一の目的は、普遍的な愛、あるいはキリスト意識とも呼ばれるものを育み、増幅させることです。キリスト意識を語るのに、キリスト教徒である必要はないことを強調しておきたいと思います。この高次の意識状態の特徴は、すべての存在に対する無条件の愛だからです。私たちは、「キリスト」(ギリシャ語で文字通り「油を注がれた者」の意)という言葉を、単にイエスその人だけでなく、多くの存在の称号として用いています。「キリスト意識」という言葉は歴史上、多くの伝統で高次の意識状態を表わす呼称として用いられており、この言葉を最も広く、最も普遍的な意味で解釈するよう、皆さんにもお願いします。この本がいま地球にやってきたということは、人類は準備ができた地点まで進化したということなのです。

これらのイニシエーションは、全体でひとまとまりのシステムとして機能するように出来ています。それでもこのシステムを考案した霊的マスターたちは、誰でも二つの予備イニシエーションさえ受ければ、その後は星のイニシエーションを好きなだけ、好きな順番で受けられるようにしてくれています。もちろん、最適なのは、この本の順番通りにすべてのイニシエーションを行うことです。

VE　いくつか重要な点に触れていただいたので、それぞれの星のイニシエーションに関する議論に移りましょう。まずはこの本で紹介するイニシエーションが、地球外のマスターからのものであるという点に注目したいと思います。地球人ではない存在からエネルギーを受け取るなんて、ほとんど信じられないと思う人もいるでしょう。そういう人々にはどう説明しますか？

ＩＦ　宇宙のどこかに知的生命が存在すると考えるのは、全然おかしなことではありません。よく冗談で、もし地球だけにしか知的生命がいないとすれば宇宙は恐ろしいほど無駄な空間で埋め尽くされているなどと言われます。より科学的な観点では、いまや多くの天文学者が、宇宙には知的生命が存在すると考えています。また、別の世界の知的生命が霊的伝統を進化させているとしたら、それも理にかなっていると言えるでしょう。本当にスピリチュアルな存在であれば、他を助けたいという願いを持っているでしょうから。

霊的な進化は、テレパシーなどの超能力の発達をもたらすことも私たちは知っています。偉大なマスターたちはテレパシーを高度に発達させており、送り手と受け手の距離に関係なく、たやすく伝達することができます。これらの事実を総合すると、ほかの星にいる霊的マスターたちのネットワークが、あとから道を歩む者たちの進化を促すために力を合わせるというのは、それほど想像に難くないことでしょう。

それでもまだ疑っている人には、自分の知らないところに真実があるかもしれないという可能性に心を開いてほしいと思います。それだけでも、驚くようなことが起きるかもしれません。

ＶＥ　こうしたイニシエーションによって、危険や不快感がもたらされることを心配する人もいるのではないでしょうか。

IF　この本の読者には、いわゆるアセンデッド・マスターと呼ばれる存在から直接エネルギーを受け取る人もいるでしょう。そうした存在の愛と叡智は計り知れないほど深いものです。そのような高次の存在からのイニシエーションは、つねにその人にとっての霊的な至高善が意図されていますが、それは内なる成長と浄化のプロセスの始まりであり、何らかの不快感をもたらすこともあり得ます。エネルギーワークであろうと、純粋に深い内的変容のプロセスであろうと、どんな道を追求しても、いずれは何らかの不快感を経験することになるのを理解しておく必要があるでしょう。

真実を言えば、あなたの存在レベルに応じて、肉体的・感情的・精神的に不快感を体験するのです。肉体面では、それまで閉じていたエネルギー回路が開き始めると、強烈な熱さや疼きを感じるかもしれません。これはジムに行って鍛え始めると筋肉痛になるのと同じです。また感情面では、自己成長を長く追求していると、自分がこうでなかったらいいのにと思うことや、抑圧されていたつらい感情が出てきたりするでしょう。エネルギーワークでは、とうに解決したと思っていた問題のまわりに別の感情が浮上してくることもあります。それは、問題のより深いレベルに残っていたエネルギーに作用しているのです。精神面では、たとえ信じていたことが間違っていたとわかっても、それを捨てるのは難しいものです。新しいエネルギーによって自分自身や他者や世界に対する見方が変わってしまい、それが居心地の悪さにつながることもあります。

この本のイニシエーションは、まさに変容を起こします。これらはただ単に変容という概念を広げたい人のためでなく、みずから深い変容を起こしたいと本気で望み、変化に対して自分を開いている人のためのものです。

VE　アーヴィン、あなたも私も、この種の深いレベルの変容はきわめてチャレンジングで、一時的に不快さを伴うこともよく知っています。そのすべては良きことのためですが、ときには徹底的に落ち込むこともありますね。そうしたプロセスを通過するうえで、何か助けになるようなヒントはあるでしょうか。読者一人ひとりの体験に私たちが責任を持つわけにはいかないし、医学的なアドバイスを提供することもできませんから……

IF　そうですね、良識的な感覚はとても大切です。毎日、聖なる時間と静かな空間を持つようにしてください。体によい栄養と充分な睡眠をとり、自分に厳しくしすぎないことです。人によってはボディワークや感情的なサポート、その他のヒーリングが役に立つかもしれません。

さらに本書のすべてのイニシエーションは、TKという私たちの師が考案した特別なエネルギー技法によって支えられています。私たちSUNの背後には多くのマスターがついていますが、TKは最もよく一緒に仕事をする師です。彼はエネルギーを安全にし、起こりうる不快感を軽減させることに熱心に取り組んでいます。SUNが提供するイニシエーションのすべてには、TKの「星型正四面体《スターテトラヒドロン》の技法」という新しいエネルギー技術が使われています。物理的エネルギーと同様に、微細《サトル》エネルギーも一定の法則に従います。ですから、このエネルギー・イニシエーションには科学と技術があり、イニシエーションの変容力を高めることと、人々がイニシエーションを受けやすくすることの両面で助けになるよう進化し続けているのです。

この「星型正四面体の技法」は、人間のエネルギー場に自然に存在する星型正四面体の形状を利用して、人の微細なエネルギー場により深くエネルギーを統合するものです。星型正四面体とは、「ダビデの星」を立体にしたもので、上向きと下向きの二つの正四面体が上下に嚙み合わさった形です。それぞれの正四面体はピラミッド型ですが、底が四角いエジプト式ピラミッドではなく、四つの面すべてが正三角形をしています。こうしたTKの新技術により、シャクティがつねにその人の主要なエネルギーの中枢と通り道を容易に見定め、不快感もできるかぎり低いレベルに抑えられます。通常なら乗り越えるのに何カ月もかかるようなつらい感情や思考も、この星型正四面体の技法にもとづくイニシエーションではたいてい数週間もかかりません。

もちろん、以上のことを考慮しても、この本のイニシエーションを受けるかどうかは各人が自分で決めなくてはなりません。なかには、イエスや仏陀、聖母マリア、天使など、自分の惹かれる霊的存在にそのプロセスを見守ってほしいと望む人もいるでしょう。イニシエーションを行う前に一人ひとり、自分なりの方法で、そのイニシエーションが安全であり、自分の至高善に寄与することを完全に確信する必要があります。

ここではっきりさせておきたいのは、これらのイニシエーションを受けるのに誰ひとりプレッシャーを感じるべきではないということです。またこの変容力のあるイニシエーションを体験すると、友人たちにも勧めたくなるでしょうが、決して押しつけはしないでいただきたいのです。

VE　自分にはイニシエーションを受ける価値がないとか、その準備ができていないと感じる人もいるでしょう。イニシエーションの前に、まず自分の微細身を癒し、強化し、浄化しなければならないと思うかもしれません。そういう人にはどんな言葉をかけますか？

IF　誰もがイニシエーションを受けるに値します。なぜなら、キリスト意識を経験することは、あらゆる人間に生まれながらに具わる自然な資質だからです。これらのイニシエーションは、宇宙から全人類への贈り物なのです。

微細身に必要な準備はすべて、二つの予備イニシエーションに含まれています。まだイニシエーションを始める準備ができていないと感じるのは、家の中が汚れているから掃除を始められないというのと同じです。これらの予備イニシエーションは、そのあとに続く七つのエネルギーの祝福をよりよく取り込めるように、まさしく微細身を強化し、浄化し、そのほか必要な準備を整えるためのプロセスなのです。

VE　それでは、二つの予備イニシエーションの説明に進みましょう。どのように受ければいいのでしょうか。

ーＦ　七つの星のイニシエーションを行うためには、あらかじめ以下の二つの予備イニシエーションを順番通りに受けることが必要不可欠です。

たとえすでに何らかのエネルギーワークの上級コースを経験ずみであろうと、あるいはエネルギーワークの専門家や教師であろうと、これら二つの予備イニシエーションのどちらも省くことはできません。

●予備イニシエーション〈1〉 微細身《サトルボディ》を強化するアチューメント

一番目の予備イニシエーションは、あなたの微細身を強化し浄化するアチューメント（調整）です。準備としてこれが不可欠である理由は、星のエネルギーのイニシエーションでは、これまでの地球上にはなかった、きわめて強力な周波数の波動が用いられるからです。そのため、これらの周波数を保持して安全に伝わるよう微細身を再調整する必要があるのです。

「微細身を強化するアチューメント」を受ける準備ができたら、七つの星のマスターたちにいっせいにお願いしましょう。このイニシエーションをただ送ってもらうだけでいいのです。特に決まった儀式やシンボルはありませんが、意図を集中させるために次の三つのステップを踏むようお勧めします。

★……★……★……★……★

「微細身を強化するアチューメント」を受ける

1. あなたの内なる静かな平和の空間に入ります。
2. あなたのハートと精神《マインド》が本当にイニシエーションを受けたいと望んでいるかどうか確認してください。
3. こんなふうに依頼します。「私は七つの星のマスターの皆さんに、微細身を強化するアチューメントを送ってくださるよう要請します」

★……★……★……★……★

イニシエーションを受けたいというあなたの真摯な望みと要請によって、あなたは自動的にイニシエーションを受け取ることになります。この予備イニシエーションは、このあとの各イニシエーションと同じく、あなたの微細身のエネルギー場に浸透するまでおよそ一時間十五分かかります。受け取ったイニシエーションのシャクティは、その後もあなたとともに存在し続けます。一時間十五分のあいだ、自分の内なる静かな空間にとどまれば、さらなる深いイニシエーションを体験するでしょう。あなたや誰かの安全上に問題がない限り、何かほかのことをしながらイニシエーションを受けることもできます。

この「微細身を強化するアチューメント」を受けたら、次の予備イニシエーションまで少なくとも一週間はあけてください。これ以降のイニシエーションにおいてもすべて同様です。

●予備イニシエーション〈2〉 幻惑《グラマー》を取り払うイニシエーション

七つの星のイニシエーションを受けるために、もうひとつ必要な予備イニシエーションがあります。それは「幻惑を取り払うイニシエーション」です。

VE この「幻惑《グラマー》」という言葉について、スピリチュアルな意味を説明していただけますか？

IF 幻惑とは、私たちの目をくらませて魅了する幻想や錯覚のことです。幻惑に屈する人は、砂漠で蜃気楼《しんきろう》を本物だと信じてしまう旅人のようなものです。その一例に、お金に対する幻惑があります。ここではお金に対する幻惑と、お金そのものを区別して考えます。お金に本質的な問題があるのではありません。問題は、お金につきまとう幻惑です。つまり充分なお金があれば幸せが保証され、人生の逆境から逃れられるはずだと信じ込んでしまうことです。それは錯覚です。真実は、お金をたくさん持っている人が、お金のない人より幸せだとは言えません。このことは昔から偉大な霊的教師たちが説いてきたばかりでなく、現代では裕福であることと幸福であることにほとんど相関関係はないという科学的研究も多数存在しています。

霊的な成長に関心を持つ人は、主流社会に存在する幻惑、すなわちお金、名声、所有、権力、他者支配などにつきまとう幻惑を見破っています。これらのはすべては、私たちの関心を外界へと逸らし、究極の幸福の源は自身のハートの内にあって神との合一から生まれるという気づきから遠ざけてしまうものです。

スピリチュアル志向の人たちでさえ、ニューエイジ文化に共通する多くの先入観がじつは主流社会で見られる幻惑の単なる模造品であることに気づかない場合がよくあります。このような先入観は、外界の人物や出来事に救いがあるかのように錯覚させてしまい、自分自身の成長や変化を求めることにつながりません。例えば、「これこれの日に、地球に偉大なエネルギーシフトが起こり、人類が救済される」というような話です（そうそう、それにUFOに救い上げられるといった夢物語もありますね）。エネルギーシフトは確かに起こりますし、重要なことです。けれどもそれは自分自身の救いという果実が育つ土壌であり、その土壌は一人ひとりの努力によってのみ培われるのです。

エネルギーワークをする人は、充分なイニシエーションを受けさえすれば自動的に悟りに至れるという幻惑にしばしばとりつかれます。確かにエネルギーワークはより高い意識状態を開くように促しますが、それだけで個人の覚醒が保証されるわけではありません。優れた霊的伝統においては、真剣に伝統的・古典的な瞑想に取り組むことが重要視されており、今日よく見られる誘導瞑想やビジュアライゼーションなどの、正確には瞑想とは呼び難いようなエネルギーワークはそれに次ぐものとされます。

この本のイニシエーションに関して、特に人が陥りやすいと思われる二つの幻惑があります。そのひとつは、地球外からやってくるエネルギーは、地球上で手に入るエネルギーよりも本質的に良いものだという観念です。もうひとつは、これらの星のイニシエーションを受けた人は、受けていない人よりも何かしら優《まさ》っているという思い込みです。DKは著書のなかで、マスターはミミズより優れているわけでなく、どちらも等しく神の現れであると述べています。

とても数え切れないほど、じつに多くの幻惑が存在します。DKは幻惑についてもアリス・ベイリーを通して本を書いており、それを読むと、いかに幻惑というものが油断ならず広範囲に潜在しているかを理解することができます。でもニューエイジ・ムーブメントでは、幻惑について取り上げる人さえほとんどいません。霊的階層が私たちに本書『七つの星のイニシエーション』の出版を許可した理由のひとつは、きわめて重要な初歩的エネルギー体系を含んでいるためです。すなわち、七つの星のイニシエーションには「幻惑を取り払うイニシエーション」が必然的に求められるからです。

VE　なるほど。それでは、「幻惑を取り払うイニシエーション」を受けるにはどうすればいいのでしょうか。また、「微細身を強化するアチューメント」と比べて、どのような効果があるのですか？

IF　「幻惑を取り払うイニシエーション」の受け方は、すべての点で、「微細身を強化するアチューメント」とまったく同じです。決まった形式やシンボルはありませんが、前と同じように三ステップのプロセスが推奨されます。

★……★……★……★……★

「幻惑を取り払うイニシエーション」を受ける

1. あなたの内なる静かな平和の空間に入ります。
2. あなたの精神《マインド》とハートが本当にイニシエーションを受けたいと望んでいるかどうか確認してください。
3. こんなふうに依頼します。「私は七つの星のマスターの皆さんに、幻惑を取り払うイニシエーションを送ってくださるよう要請します」

★……★……★……★……★

この予備イニシエーションを一時間十五分受けたら、そのあと次のイニシエーションまでは、一週間以上あけるようにしてください。

二つの予備イニシエーションの効果の違いはと言えば、「微細身を強化するアチューメント」のエネルギーは一週間たつ頃には微細身を必要な程度まで築き上げますが、「幻惑を取り払うイニシエーション」のシャクティは、それ以降もずっとあなたとともに歩み続け、継続的にあなたの幻惑を明らかにし、解放していくことになります。幻惑の発見と解放はその後、生涯にわたりたゆみなく続くのです。

以上二つの予備イニシエーションを両方とも終えたら、そのあとは星のイニシエーションをいくつでも好きな順に受けることができます。とはいえ、最も望ましいのは七つ全部を本に示された順番で行うことです。

イニシエーションから次のイニシエーションまでの間隔は、少なくとも一週間以上あける必要があることをどうか忘れないでください。なかにはもっと長い間隔をあけたいと思う人もいるでしょう。特にエネルギーに敏感な人は、発信されるエネルギーのレベルが心地よいと感じるようになるまでしばらく時間がかかるかもしれません。あるいは、ただそのプロセスが楽しくて、次までしばらく待ちたいと思う人もいるでしょう。また、人によっては自分自身について多くの興味深い気づきがあり、その成り行きをじっくり見極めたいと感じるかもしれません。そのような洞察や、さまざまなイニシエーションの体験を記録しておくといいでしょう。これは特に微細エネルギーにあまり敏感でない人々にとっては、イニシエーションが現実的な変化をもたらしていることに気づくのにとても役に立つでしょう。

VE　ほかに、イニシエーションを受けることでどんな体験がもたらされるのでしょう。

IF　まず言っておきたいのは、同じイニシエーションでも、人によって主観的な体験がまったく異なるということです。概して、ある資質に関するイニシエーションでは、すぐさまその資質を強く経験するか、さもなければ最初にその資質に対するブロックが表面化するかのどちらかです。例えば、一番目のアルクトゥルスのイニシエーションは「希望」と結びついています。このイニシエーションを受けた人は皆、いずれは今まで以上に希望に満ちた気持ちになるでしょう。ですが人によっては、まず希望を押さえつけていた不信感や悲観などの感情が先に浮上してきます。または尋常でないほど鮮烈な夢を見たり、瞑想が深くなったり、幼少期や過去世の記憶が蘇ったり、一時的に気分が動揺して不安定になったりするかもしれません。おそらくチャクラに敏感な人は、自分のチャクラがとても活性化していることに気づくでしょう。

●チャクラとは

VE　チャクラについて簡単に説明していただけますか。

IF　チャクラとは、エネルギーを受け取り、たくわえ、変換し、分配する、微細身の中枢です。伝統的には七つあるとされ、肉体と特定の場所でつながっています。どのチャクラにもそれぞれ特徴的な思考パターン、感情パターン、行動パターンがあります。

チャクラは、回転する微細物質の渦巻きのようなものです。そのため、透視で見ると、人体の前と後ろから円錐状や漏斗状に広がっています（次ページの図2参照）。前面のものと背面のものは内側でひとつにつながっています。チャクラを詳しく観察すると花びらのように見えるので、伝統的に〝花弁〟に喩えられてきました。まさに花びら状に重なり合った構造をしており、実際、

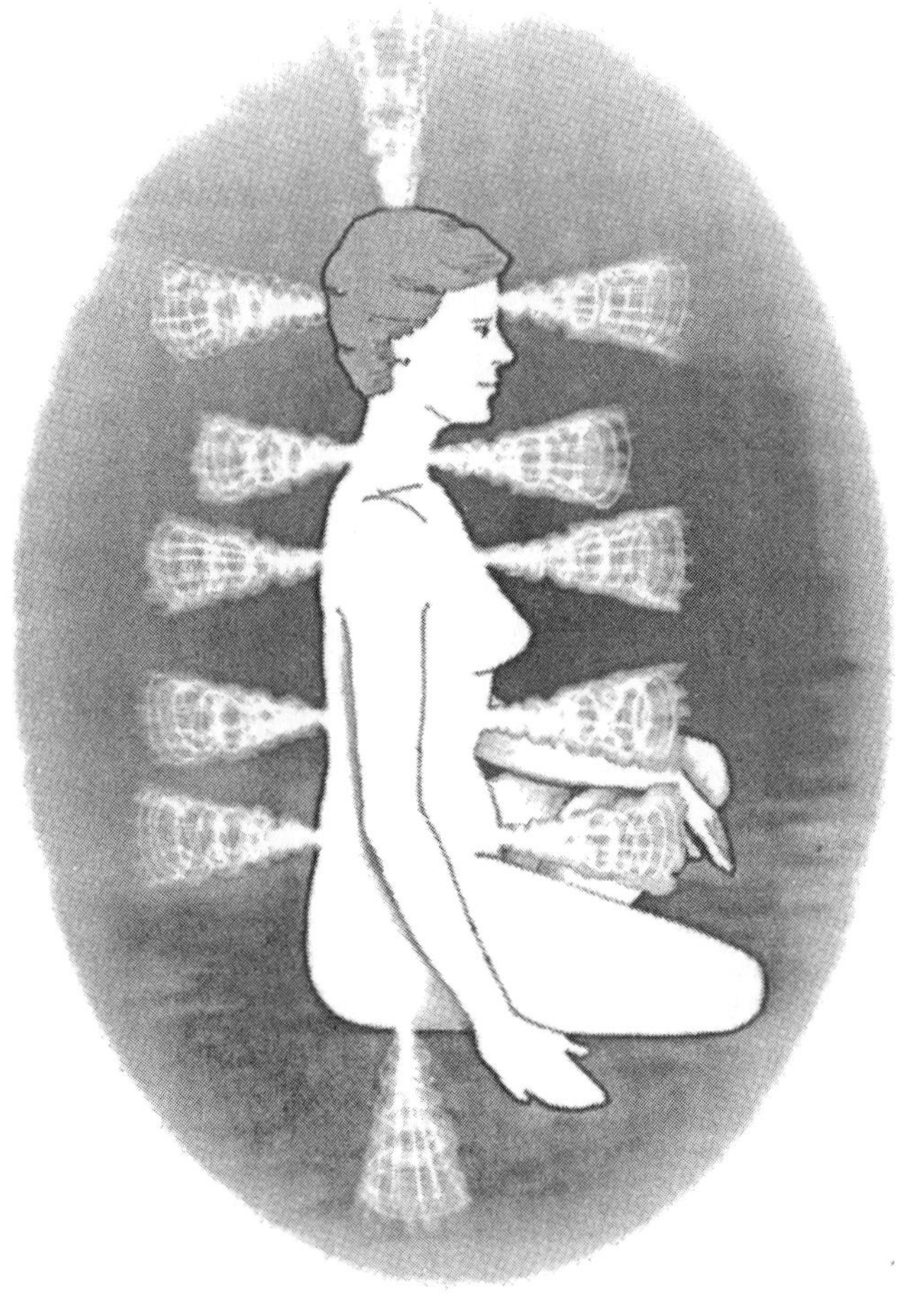

図2　チャクラはエネルギーを受け取り、たくわえ、変換し、分配する、微細身のエネルギー中枢。伝統的に七つの基本チャクラがあるとされ、体の前と後ろから微細物質が渦巻きのように広がっている。

チャクラのイメージは回転する花のようです。

チャクラに敏感な人は、伝統的な七つのチャクラのエネルギーに加え、さらに頭の上方や足の下方にもエネルギーを感じるかもしれません。それらは「体外チャクラ」と呼ばれ、頭の上方に約十五センチ間隔で連なるチャクラと、それに対応して足の下方に連なるチャクラがあります。そのなかでもエネルギーワークにとって重要なのは、頭上十五〜二〇センチに位置するソウル・スターと、足の下十五〜二〇センチに位置するアース・スターという二つの体外チャクラです。ソウル・スターは宇宙からのエネルギーを変調し、アース・スターは地球からのエネルギーを変調します。ここでいう〝変調〟とは、エネルギーの周波数や振幅を変化させるという意味です。ここでも、微細エネルギーをはじめとするあらゆるエネルギーには周波数と振幅があることを理解する必要があります。摂取した食べ物が分解され、再合成されるように、環境から取り入れたエネルギーも変調され、ほかのエネルギーと結びつくのです。

ソウル・スターという名前の由来は、魂とソーラー・エンジェルから入ってくるエネルギーが最初に通る体外チャクラだからです。魂とソーラー・エンジェルは、微細身のどこへでもエネルギーを送れますが、最初にソウル・スターを通ることで、より効果的にエネルギーが分配されるように変調されるのです。ソウル・スターはつねに魂とソーラー・エンジェルのエネルギーに満たされており、霊的進化を加速させる秘儀においても、よくかなめとして用いられます。

ただし、本書のイニシエーションのエネルギーを、あえて自分のソウル・スターやアース・スターに導くことはお勧めしません。それはおのずと起こります。イニシエーションの一部に含まれており、エネルギーの神聖な知性に任せるべきです。それを人為的に使おうとしても不可能で、かえってイニシエーションの効果を減じるだけでしょう。

VE　この二つの予備イニシエーションと、このあとの七つの星のイニシエーションを受けるために、最後に何かアドバイスはありますか。

IF　これらのイニシエーションは、世界中すべての人々のためにあります。スピリチュアルな背景がある人もない人も、疑っている人も、どのような人であろうと受けることができるのです。そのため、これらのイニシエーションには具体的な儀式や形式はありません。しかしどんなイニシエーションであれ、特定の霊的存在への協力依頼や、作法、音楽、自然、そのほか自分が開かれて心地よく感じるものがあれば自由に活用すべきです。

繰り返しますが、これらのイニシエーションのエネルギーは神聖なエネルギーであって、誰の個人的なエネルギーも含んでいません。ヴァージニアや私はもちろん、イニシエーションを送ってくれるマスター自身のエネルギーも含まれていないのです。そしてまた、このイニシエーションが自分にとって至高善だと頭とハートで完全に納得できるまでは、これらを受けるべきではないということも念押ししておきましょう。いったんイニシエーションを求めた人は、自分が体験

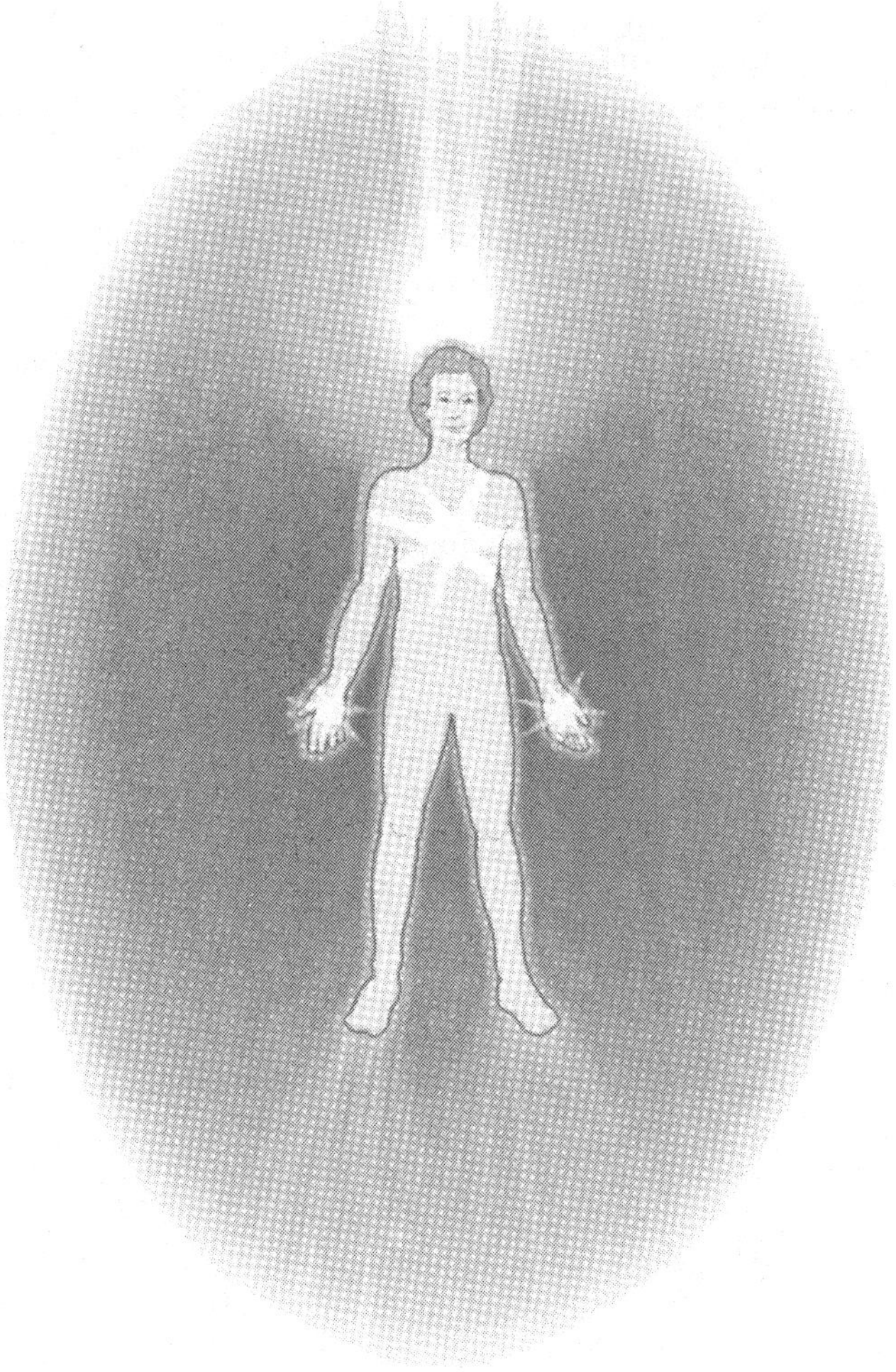

図3　星のイニシエーションのエネルギーがさまざまな幾何学的形状をとって微細身に流れ込む様子を図式化した一例。

することに責任を持つ必要があるのです。

イニシエーションに際しては、どんな体験になるかという先入観や期待からできるだけ自由であってください。そして何よりも大切なのは、自分が信じている以上の変化がもたらされる可能性に心を開いておくことです。イニシエーションを受ける人の体験は、皆それぞれに独自のものです（前ページの図3はその一例にすぎません）。

●七つの星のイニシエーション

七つの星のイニシエーションを受ける前に、あらかじめ二つの予備イニシエーションを完了していなければなりません。そして、アルクトゥルスをはじめとする七つの星のイニシエーションを受けるには次のプロセスに従ってください。

✶……✶……✶……✶

七つの星のイニシエーションを受ける

1．「微細身を強化するアチューメント」「幻惑を取り払うイニシエーション」の順に予備イニシエーションを終えたら、星のイニシエーションをいくつでも好きな順番で受けることができます。

2．それぞれの星のエネルギー・イニシエーションは、受け取るのに約一時間十五分

✶……✶……✶……✶

✶……✶……✶……✶……✶……✶……✶……✶……✶……✶……✶

かかります。いずれのイニシエーションも、必要なのは一生に一度だけです。

3. 九つのイニシエーション（二つの予備イニシエーションと、七つの星のイニシエーション）のすべてにおいて、それぞれの間隔を一週間以上あけてください。

4. 各イニシエーションごとに、その星の霊的マスターにイニシエーションを送ってくれるよう依頼しましょう。

①あなたの内なる静かな空間に入ります。

②あなたの精神《マインド》とハートにイニシエーションを受け入れる準備ができているかどうか、確認してください。

③こんなふうに依頼します。「私は〇〇〇（例／アルクトゥルス）のマスターたちに、〇〇〇（例／希望）のイニシエーションを送ってくださるよう要請します」（車の運転や安全を妨げる可能性のある活動中には行わないようにしてください）

5. 星のイニシエーションは、ひとりでも二人以上のグループでも受けることができます。友人たちと共有してもいいでしょう。ただし誰にも強要はしないでください。

6. これらの星のエネルギー・イニシエーションを受けたからといって、ほかの人にイニシエーションを授ける力がつくわけではありません。

✶……✶……✶……✶……✶……✶……✶……✶……✶……✶……✶

第5章

アルクトゥルス✦希望のイニシエーション

このイニシエーションを受けるには、二つの予備イニシエーション「微細身を強化するアチューメント」と「幻惑を取り払うイニシエーション」を完了している必要があります。このアルクトゥルスからのイニシエーションは、ほかと同じく、ただ求めるだけで受け取ることができます。イニシエーションの所要時間は一時間十五分です。受ける前に本章を読んでおくことをお勧めします。進め方は112〜113ページを参照してください。

……アーヴィンによる解説

このイニシエーションは、アルクトゥルスのマスターたちからもたらされました。彼らは神聖な愛のエネルギーを喜びに満ちた形で保持しており、そのため人類に希望と喜びの資質を与えることに長けているのです。ハワイでは、アルクトゥルスは「ホクレア」すなわち「喜びの星」として知られています。希望とは本質的に軽やかな心であり、生命本来の善良さの確信と結びついています。特定の状況に対して現れる希望もありますが、ここでいうのは外部環境によらず、自発的に生じる超越的な希望という性質のことです。それは特定の状況に対する希望よりも深く、重要なものです。希望は、エーテル体ではエネルギーの自由な流れとして、感情体では明るさや広がりや柔軟性として、またメンタル体では安定性と開放性として表現されます。

誰もが究極的には〝無条件の愛〟を示すのと同じように、充分な霊的成長を遂げた人は皆、この〝希望〟という性質を現すようになります。希望が個人にとっても人類にとっても重要である理由はおもに二つあります。ひとつは、希望があれば不可能なことも可能になるからです。もうひとつは、希望にはメンタル体をはじめとする微細身《サトルボディ》を浄化する効果があり、より高い霊的周波数の吸収力を加速させるからです。希望は、肺を活性化させ、体内に酸素を循環させ、エネルギー吸収能を上げてくれます。

主流社会でもニューエイジの文化でも、地球と人類の未来についての否定的な考え方が数多くあります。でも真実を言えば、人類の未来は光が増していくのです。ですから真剣にスピリチュアルな道を歩んでいる人は、そうした否定的な想念パターンに屈しないことが大事です。しかし実際には、多くの人々が希望を感じたり微細身が浄化されることを恐れているため、そのような想念パターンにはまり込んでしまっています。

希望は、私たちが生まれながらに持っている最も大切な資質のひとつです。フランスの作家、ヴィクトル・ユーゴーはこう言っています。「すべての人間の額に書かれた神の言葉は希望である」と。新約聖書『コリントの信徒への手紙一』では、希望はキリスト教徒の三大特質のひとつとされています。希望に関する最も美しい物語に、ギリシャ神話の「パンドラの箱」があります。箱を開けると、人間を苦しめるあらゆる悪が群れになってあふれ出し、最後に残ったのが希望だったという有名な話です。

このイニシエーションは、人類を手助けしたいと望むアルクトゥルスのマスターたちによってもたらされます。アルクトゥルスは「うしかい座」の最も明るい星で、地球から約三十六光年ほど離れたところにあります。私たちの太陽の約二〇〜二十五倍もの大きさを持つ、黄色い巨星です。アルクトゥルスは全天で四番目に明るい恒星であり、北斗七星のひしゃくの柄の部分をそのまま延長すると見つけることができます。

アルクトゥルス人は、人類が地球上にはじめて細胞生命体として出現して以来、ともに地球の進化を促してきました。彼らは、地球の惑星グリッドの進化を最も助けてきた三つのグループのうちの一つです。あとの二つはシリウス人とプレアデス人です。アルクトゥルス人のおもな専門分野は、地球のハート・チャクラの機能と進化を支援することです。アルクトゥルス人のエネルギーが集中する場所としては、エジプトのギザのピラミッドや、イギリスのストーンヘンジのような山や岩石の構造物がよく知られています。それらは地球のハート・チャクラの周波数にもとづき、惑星のグリッドワーク・システムを安定させる役割があります。

エドガー・ケイシーは、アルクトゥルスは天の川銀河で最も進んだ文明のひとつであると述べています。事実、その重要性は太古の時代から認識されていました。古代レムリアでは、アルクトゥルスのエネルギーはおもに〝女性性のキリスト意識〟とされるものを育むために用いられ、レムリア人は女性性を象徴するキリスト像を数多く生み出したのです。

これまで、キリスト意識の発展にとって最も重要な星はシリウスでした（詳しくはシリウスの章で触れます）。けれども次の千年間では、キリスト意識の発展に最も影響を与える重要な星はアルクトゥルスになるでしょう。

人間のハートの奥には、「キリストの種子」と呼ばれる七つのエネルギー構造が潜在しています。これら七つのすべては、キリスト意識が個人のなかで顕在化する前に完全に活性化されなければなりません（シリウスの章で説明しますが、これらの種子はどれもキリスト意識の七つの主要な特性と結びついています）。これらの種子を活性化させるために人類を導くのがアルクトゥルス人です。いずれにしても「キリストの種子」の活性化は、いつかは人類全体として起こることです。現在、アルクトゥルス人たちの第一の関心事は、人間のハートとハート・チャクラおよび感情体の発達を幅広く支援することです。

アルクトゥルスのエネルギーは、形而上学的な水の要素をかなり含んでいます。そのため、キリスト意識の陰と陽の両方に関係するものの、陰の側面とより強く結びついているのです。アルクトゥルスのエネルギーは意識と無意識の統合を助け、夢見を促し、月のエネルギーともよく結びつきます。物理的レベルでは、アルクトゥルス人は私たちの細胞内の水をより構造化させることで、物質の進化プロセスを促進し加速するよう働きかけます。生きた細胞の水は、水道の水とは違うのです。それは液晶と呼ぶ人もいるほど高度な構造を持っています。構造化された水は、クリスタルのように多くのエネルギーや情報を保持することができます。繰り返しますが、人間の細胞内で水の構造化が進むのは霊的進化として自然なことなのです。

……ヴァージニアとアーヴィンの対話

VE 「うしかい座」のアルクトゥルスについて情報ありがとうございました。地球からの距離が約三十六光年。シリウスは八・六光年で、プレアデスは四〇〇光年ですから、物理的にはシリウスのほうが近いですね。アルクトゥルスの影響は、地球に細胞生命体が出現したときからあるとのことですが、アルクトゥルス人はプレアデス人よりも前から地球にいて、シリウス人よりも後から来たのでしょうか。それには物理的な距離も関係しているのでしょうか。

IF　シリウス、プレアデス、アルクトゥルスのすべてが人類にとって重要です。最初からしばしばトリオになって私たちと一緒に活動しています。彼らは皆、人類と地球の進化を助けてきました。その進化には肉体と微細身の両面が含まれます。

VE　アルクトゥルス人が愛と結びついているということは、地球のハート・チャクラと特別な関係にあるのでしょうか？

IF　そうです。アルクトゥルス人は、キリスト・エネルギーのグラウンディングそのほか、広い意味で地球のハート・チャクラへの働きかけに特に優れています。私がグラウンディングと言うとき、それはたいていエネルギーの密度がより希薄な層からより濃密な層へ動くことを意味します。

チベットのマスターDKは、地球のハート・チャクラと太陽のハート・チャクラにはきわめて重要な関係があるとアリス・ベイリーを通じて述べています。そしてその継続的な関係によってのみ、人類は高次の霊的進化を遂げることができると。それに加えて私が受け取ったのは、地球、太陽、アルクトゥルスそれぞれのハート・チャクラという、並外れて重要なエネルギーのトライアングルがあるということです。このトライアングルは、キリスト・エネルギーや地球にやってくる霊的エネルギーの流れを地球のベース・チャクラへと導き、グラウンディングさせるように働きます。地球へのこの働きは、人体における松果体の働きとよく似ています。松果体の主要な機能として、全身に霊的エネルギーをグラウンディングさせて統合する働きがあるからです。

VE　本書のアルクトゥルスをはじめとする星のイニシエーションはどれも、個人としてだけでなく、惑星規模でもキリスト意識を啓発するように働くのでしょうか？

IF　間接的ではありますが、確実にそうです。この本にあるイニシエーションをひとつでも受けた人は、やってくるエネルギーを地球のハート・チャクラにグラウンディングさせることに寄与します。より多くのイニシエーションを受けるほど、より多く手助けすることになります。どのイニシエーションにも鍵となる周波数や、地球のハート・チャクラからの周波数が組み込まれているため、自動的にそうなるのです。アルクトゥルス人は地球のハート・チャクラに働きかける達人ですから、この章のイニシエーションは、人々のキリスト・エネルギーのグラウンディングを促すためにとりわけ有効です。

VE　アルクトゥルス人には、私たちが知っておくべき名前や、あるいは意識で彼らだとわかるような特徴とか感覚などはあるのでしょうか？

IF　いい質問ですね。じつは彼らも他のマスターたちも、無名のままでいることを好むと告げてきました。彼らが重視しているのは、内なるワークのプロセスと、いかにエネルギーがそのプロセスを進めるかなのです。

真の霊的教師であるひとつの証《あかし》は、メッセンジャーであるその人自身よりもメッセージの内容を重視することです。アルクトゥルスをはじめとするこれらの星系のマスターたちは皆、集団のために自分たちの意識を統合するレベルにあるのです。

VE　ちょっと質問があります。私の理解では、アルクトゥルス人の活動には二通りのアプローチがあるようです。宇宙船で物理的に出現する存在もいるし、テレパシーで遠くから働きかける存在もいますね。これについてどう考えますか？

IF　アルクトゥルスの宇宙船が現実に存在する可能性を否定はしませんが、私自身は見たことはありません。大事なのは、彼らは物理的にそこにいなくても働きかけが可能だということです。アルクトゥルスにいながら必要なことは何でもできてしまうのです。地球上にも、ある種のグルのように何かを物質化したり非物質化したりできるほど進化した存在がいます。アルクトゥルス人のような存在はそれよりさらに進化しているので、物理的に形をとってここにいる必要はないという利点があるのです。

VE　本書では地球外の存在を霊的に覚醒したマスターとして定義し、いまお話しのように、働きかけをするために物理的に地球にいる必要がない存在と見なしています。けれども多くの人々は、あまり善良でない〝宇宙人〟に注目し、ＵＦＯが地球上に物理的に存在することを不安視しているようです。これに関してはどうでしょうか。

IF　確かにＵＦＯというテーマについて、私はすべての答えを持っているわけではありません。

私個人は、地球には間違いなく地球外からのＵＦＯは来ていると考えています。しかし報告されているＵＦＯ目撃や遭遇の多くには別の説明がつくと思っています。こうした宇宙船がどのくらい頻繁に地球を訪れているか、またその目的は何なのか、私のなかで答えは出ていません。

でも、ひとつ言えることがあります。人生は不確実なものであり、私たちはＵＦＯだけでなく、強盗、火事、地震など、あらゆる恐怖にたやすく支配されがちです。大切なのは、恐れではなく愛で生きることです。それは私たちがどんなときも愛を育てるという霊的な修練なのです。

それより、もっと自分に問うべきことがあります。「私はＵＦＯを心配する必要があるのか?」さらに大事な質問は、「私は自分自身に、仲間である人類に、母なる大地に、愛を示しているだろうか?」あるいは、「私は今日、瞑想したか?」などです。瞑想を通して、霊的な成長だけでなく、ＵＦＯやそのほかの質問への答えを受け取る能力も磨かれていきます。

VE　アルクトゥルスのマスターが地球から何光年も隔たったところにいると聞くと、私たちは距離を制限の尺度として解釈しがちですが、むしろ進化した存在にとっては、そうした瞬時のコミュニケーションが通常の形だと理解すべきでしょうか。

IF　はい。さっき物質化や非物質化の話を例にあげましたが、もちろん、星のマスターたちはそのようなことをしているわけではありません。アルクトゥルスなどのマスターがしているのは、おもに情報やエネルギーをテレパシーで私たちに伝えることです。大切なのは、テレパシーと意識には密接な関係があるのを理解することです。それは送り手と受け手の距離に関係なく、瞬時に伝わるのです。

●世界は多彩な色で構成された巨大なキルト

VE　では、アルクトゥルスなどの星からイニシエーションを受けると、そうしたテレパシーによるエネルギーはどのように私たちの肉体に伝わるのでしょうか。

IF　伝わるのは微細《サトル》エネルギーです。人間は先天的に宇宙からの微細エネルギーを吸収し、肉体に取り込む能力を持っているのです。これは、植物が太陽の光を栄養に変えるのと同様の仕組みです。

VE　体内では特に血液の重要性を理解することが大事だと感じます。アルクトゥルスは血液の形而上学的な性質とどんな関係があるのでしょう。

IF　血液については、とりわけアルクトゥルスにふさわしいテーマです。この概念に馴染みがない読者もいると思うので、ここで説明しましょう。

人体の器官や内分泌腺などのあらゆる部分はどれも、物理的な機能だけでなく、何らかの形而上学的で秘教的な機能を持っているのです。形而上学的・霊的な機能が明確な一例に、脳があげられます。脳は形而上学的レベルでは思考に関わりつつ、物理的レベルでは全身を統制しています。また、それほど明確でない場合もあります。例えば腎臓の形而上学的・霊的な機能のひとつは慈悲と優しさを媒介することであり、これを「優しさのミルク」と呼ぶ人もいます。

ですから、血液にはとても重要な形而上学的機能があるのです。それを光線という観点から見れば「創造の七光線」ということになります。これらの光線は、すべてのエネルギーをつくり上げている基礎エネルギー、建築素材なのです。光線を理解することは、霊的な現実の構造を把握するためにとても役に立ちます。喩えるなら、元素の周期表を理解することで物質世界の構造を深い視野で把握できるようなものです。光線を理解すると、形而上学的・霊的な世界の構造を深く把握することができます。実際、個人レベルでも人類レベルでも、進化とは私たちの光線構造の変化であると見なすこともできるでしょう。

世界全体はさまざまな色で構成された巨大なキルトであり、それぞれの色が各光線と呼応していると言えます。キルトは時々刻々と変化し、色を変え続けます。その変化はごくわずかずつでも、千年後にはまったく異なっているでしょう。この光線エネルギーの変化のパターンは、物理的進化と霊的進化の双方を、そしてその相互関係を映し出します。体の各部位の形而上学的・霊的な機能を理解するために、その部位がおもにどの光線と関係しているかを見るというアプローチもあります（創造の七光線については巻末の〔付録A〕に簡単な要約があります）。

さて、血液が発している主要な光線エネルギーは、第二光線、すなわち「愛と知恵」の光線です。これは七つの光線のうち、最もアルクトゥルスと関係が深い光線です。第二光線の特性から、血液の形而上学的・霊的な働きのひとつは愛、究極的には〝無条件の愛〟の顕現です。このことは血液と心臓《ハート》の関係からも明らかでしょう。血液はまた、愛と意志の結合（究極的には〝無条件の愛〟と〝神の意志への明け渡し〟の融合）のための基本構造でもあります。

あまり知られていませんが、その次に血液が発する強力な光線は第四光線です。これは「調和」と「対立を乗り越えた調和」の光線です。このため、血液の働きには私たちの内にある二元性を調和させる機能があるのです。物質とスピリットの調和もそうです。この物質とスピリットという二元性は、宇宙の原初的な二元性なのです。

VE　私たちの身のまわりで物質とスピリットの関係を見るとき、物質世界で起こることのすべては霊的世界で決められていると見るべきなのでしょうか。

IF　高次の霊的世界は、物理的な進化に関与してはいますが、それを過大に解釈しないことが大切です。よくニューエイジ・ムーブメントでは、物理的なものごとのすべてに深いスピリチュアルな意味があると解釈しますが、これは単純に考えてもおかしなことです。スピリットは物理的領域を拡張はしても、物質世界の自律性を侵害することはありません。インドの大聖者であったオーロビンド・ゴーシュは、「天の筆致は地を満たすが、地上の働きを消し去ることはない」と言いました。進化の過程には無作為な要素があることを認識しておくべきです。物質世界には、たまたまということがあるのです。「すべての出来事は深い理由から起こり、偶然はない」などとも言われますが、これは単純化しすぎです。真実は、そして理解すべき重要なことは、宇宙には高次の力が働いているということです。

物理的な偶然性なら簡単に証明できます。コインを投げ上げると、毎回の結果をならしてみれば、半分は表、半分は裏になります。でもそこに決まったパターンはなく、次にどちらが出るかは誰も予測できませんね。もし反論する人がいたらカジノに行ってみてください。本当に予想できたらすぐに億万長者になれるでしょう。

神はコインだけに偶然が適用される世界を創造したのではなく、さまざまな物理法則とともに、宇宙の構造そのものに偶然を編み込んだのです。この偶然性の存在は、物質世界における人間の自由意志とも相似的な関係にあります。私がとりわけ悲しく思うのは、責任感の強い人が自身の問題や病気のすべてを自分のせいだと信じて自分を責めてしまうことです。植物でも病気になることがあるのを忘れないでください。自責の念に駆られ、落ち込んでいる私たちに、アルクトゥルス人たちは「希望」という贈り物を与えてくれます。

VE　それを聞いて、とても励まされます。少し戻りますが、アルクトゥルス人の助けによって、細胞の水がより構造化されるという話がありましたね。水を構造化することは、私たちの体や生活にどんな影響があるのでしょうか。なかでもライトワーカーの人たちは途方もない苦難に直面し、痛みに満ちた経験をしている人も多いようです。

IF　その答えは個人によって異なります。ライトワーカーが経験する人生のストレスの多くは、地球に入ってくる大量の高周波数を統合しなければならないことに起因しています。私たちの細胞水の構造化が進むと、エネルギー場の安定化が促されます。水の構造化の影響は、肉体、感情、思考、霊性の全レベルに及ぶのです。例えば肉体レベルでは、ウイルス感染の抵抗力を強めてくれます。しかしながら、水の構造化の最も重要な変化は霊的レベルで起こります。

VE　地球に届くそれらの周波数は、私たちが知っているDNA細胞の正体をも変化させるのでしょうか。

IF　確かにDNAに変化は起こりますが、そのほとんどはDNAの物理的レベルというより、現時点では微細身レベルで起きます。より霊的に進化し、スピリチュアルに開かれた人々には、いま途方もなく膨大な量の浄化が進行しているのです。そのため皮肉なことに、この素晴らしいイニシエーションの時期、霊的にオープンで進化した人々は、個人的な霊的成長に無関心な人々よりも困難な時代を生きているというのが実状なのです。

VE　そのため、自己啓発や意識成長に取り組んでいる人たちは混乱してしまうのですね。自分が霊的に成長できれば、もっと健康で感情もすっきりしているはずだと考えるのです。

IF　その通りならいいのですが。しかし今日、著名な霊的教師たちにも健康上の問題を抱えている人はいます。多くの人々と同じように、癌や心臓病などでこの世を去ることもあります。では、「いったい何のためだったのか?」と疑問に思うかもしれません。結果的に肉体や感情や精神に不都合なことが起きるのであれば、どうしてこの大浄化のすべてを経験しなくてはならないのでしょうか。その答えは、まさに経験する価値があるからです。

すべての偉大な霊的伝統における中心的な教えのひとつは、私たちは霊的進化を通じてのみ、真に満たされるということです。霊的進化によってのみ、私たちは物質世界に支配されることなくそこから自由に自立できるのです。そしてそれは意識状態が変化した結果なのです。

高名な霊的教師といえども病気になることはあります。時代を超えたヒンドゥー教の偉大な聖者、ラーマクリシュナは咽頭癌で他界しました。その違いは、至福のなかで息を引き取ったことです。さらに言えば死の瞬間のみならず、彼は生涯にわたって至福の状態で生きたのです。

●希望や喜びは、生まれながらの自然な状態

VE　アルクトゥルスのイニシエーションでは、最初に希望に焦点を当て、メンタル体と肺を浄化し、体に酸素を送り込んでエネルギーを吸収しやすくするということでしたね。なぜいま、アルクトゥルス文明はほかの星系よりも的確な影響力で希望をもたらせるのでしょうか。

IF　まず、どの星系にもそれぞれ特徴となる全体的な資質があります。ひとつの星は何種類も

の周波数を持っていますが、すべての周波数がまとまって作用することで全体的な特質が決まるのです。その星の作用は受け取る人によってさまざまですが、ほとんどの人に与える一定の主要な影響があります。そのなかでアルクトゥルスは特に希望や、それに結びついた喜びや嬉しさという感情を目覚めさせることに長けているのです。

いま話している喜びや嬉しさという状態は、私たちに生まれつき具わる自然な資質です。否定的な考え、悲観論、悲しみ、嘆きなどは実際にはむしろ浅いところにあり、もっと深い私たち本来の状態は喜びなのです。私たちが希望や喜びというとき、それは超越的な希望、超越的な喜びとでも呼ぶべきものについて話しています。このことは、通常の愛と、無条件の愛との関係によく似ています。霊的進化のプロセスでは、こうした生まれながらの喜びや、希望に満ちたハートの特質が浮上してくるのはごく自然なことなのです。

ＶＥ　希望のイニシエーションでは、どんな気づきや変化が期待できるでしょうか。

ＩＦ　あらゆるエネルギーワークと同じように、これらのイニシエーションの効果は人によって非常に異なるということを理解してください。何の期待もせず、オープンな態度で臨むのがベストです。とはいえ、おそらく多くの人は、人生において希望が果たす役割により意識的になり、これまでいかに希望を失っていたか、どのように否定的な思考パターンや感情パターンに振り回されてきたかに、もっと気づくようになるでしょう。

ここでとても大事なことがあります。それは、このイニシエーションを含め、本書の星のイニシエーションのすべては、私たちの意識的な参加を必要とするプロセスであるということです。アルクトゥルスのイニシエーションは、魔法のようにあなたを喜びと希望に満ちた人間に変貌させるわけではありません。私たちは習慣化した自分の否定的な思考や感情に気づき、それに影響されないことを学ぶ必要があるのです。エネルギーが私たちのためにやってくれるのではなく、私たちが取り組まなければならないことです。そうすると、エネルギーが私たちの取り組みを後押ししてくれるようになります。

VE　イニシエーション全般に関する質問をさせてください。仏陀やイエス・キリストのように、私たちがよく知っている霊的マスターは、こうした星系のマスターたちと何か関係があるのでしょうか？

IF　はい。断然関係があります。私たちが地上で親しんでいる存在も、地球外の存在も、すべていわば同じ上司、つまり神のために働いているのです。皆が神の計画を熟知し、それを実現するために協働しています。

VE　さきほど、アルクトゥルスは女性的エネルギーに注目し、活用していると言われましたね。それについてもう少し話していただけませんか。それは現在の私たちにどう影響し、どこへ向かわせようとしているのでしょう。

ＩＦ　まず理解すべきなのは、キリスト・エネルギーは本来バランスがとれているということです。男性性と女性性の両方を持っています。歴史上のイエスを見れば、彼はキリスト意識とキリスト・エネルギーの最も優れた見本であることがその人生からわかるでしょう。アルクトゥルスから人類への贈り物は、キリスト意識の啓発です。それは現在よりも今後さらに強くなっていくでしょう。いまアルクトゥルス人は、シリウス人が築いた土台の上に、これから起きることの枠組みを敷設しています。なぜでしょうか。キリスト意識そのものはバランスがとれているのですが、地球上に見られる顕現は男性的な影響力のほうに偏っているからです。

前述のように、アルクトゥルス人は私たちのキリスト意識の陰と陽の両面を啓発することができますが、特にその陰（女性性）の側面の啓発に秀でているのです。

ＶＥ　今後千年のあいだに、現在優勢な男性的エネルギーのバランスをとるため、私たちはもっと多くの女性的エネルギーを適切に取り込めるように進化していくことになるでしょうか。

ＩＦ　その通りです。秘教的な世界では、第七光線がいま私たちの惑星に影響を与えつつあるという事実に関して、より多くの洞察があります。第七光線は神聖な女性性と結びついています。個人の意識も社会の意識も、よりバランスよく女性性を受け入れ尊重する方向に変化しているのは、第七光線の影響が強くなっているためです。この光線はアルクトゥルスに由来するものではありませんが、アルクトゥルス人はその周波数を文明に適合するように変調するという大きな責任を担っています。実際、どの星系のマスターもそれぞれに光線の変調を担当し、つねにほかの星系のマスターたちと協力し合いながら仕事をしているのです。

VE　私たちにはいま数多くの課題があるなかで、最初のエネルギーの祝福をもたらすアルクトゥルス人がとりわけ人間に「希望」の必要性を認めているのは興味深いと思います。最近の気象災害、経済問題、国内および国家間の戦争などに多くの人々が圧倒され、恐怖を感じています。だからこそ、希望が天からの恵みとしてやってくるのでしょう。希望は、混乱、混沌、逆境に対する永遠の解毒剤であり、信じる心と前向きな姿勢を保てるように支えてくれます。

希望は永遠に湧き出るといわれます。そのことに感謝しながら、世界中に光と愛のネットワークを築くために、このアルクトゥルスのエネルギーの祝福を受け入れましょう。

＊＊＊

次のイニシエーションまでは少なくとも一週間以上あけることを忘れないでください。

第6章

北極星《ポラリス》✦呼吸のイニシエーション

このイニシエーションを受けるには、二つの予備イニシエーション「微細身を強化するアチューメント」と「幻惑を取り払うイニシエーション」を完了している必要があります。この北極星からのイニシエーションは、ほかと同じく、ただ求めるだけで受け取ることができます。イニシエーションの所要時間は一時間十五分です。受ける前に本章を読んでおくことをお勧めします。進め方は112〜113ページを参照してください。

………アーヴィンによる解説

この北極星《ポラリス》のイニシエーションは、あなたの呼吸に働きかけるエネルギーをもたらします。あらゆる霊的伝統は、呼吸のスピリチュアルな意義を認めています。実際、「スピリット」という英語は、ラテン語の「息」を意味する言葉から来ているのです。どのように呼吸するかは、私たちの意識状態に直接・間接に関与し、微細身《サトルボディ》に影響します。

このイニシエーションには、関連し合う二つの目的があります。ひとつは、多様な方法で呼吸することを妨げている固定した神経系のパターンを、時間をかけて解放していくよう働きかけることです。そうした神経系の固定パターンは否定的な感情や思考のプログラミングから来ています。もうひとつは、この固定パターンを解放することによって、高次自己《ハイヤーセルフ》があなたの呼吸に働きかけやすくなり、より容易に個人的な霊的進化を助けることができるのです。

このイニシエーションは、後頭骨の隆起部（頭蓋骨の付け根から少し上のでっぱり）にある体内の重要なエネルギー中枢にグリッドワーク・システムを結びつけて利用できるようにします。この中枢は呼吸をコントロールする働きがあり、例えば道教では「玉枕《ぎょくちん》」、ハワイのフナでは「四風門」、ヒンドゥー教では「月の中心」など、さまざまな名で呼ばれます。こうした伝統のすべてにおいて、この中枢の陰のエネルギーが脳全体の陽のエネルギーとバランスをとっていると言われています。このバランスは、北極星が二重星であり、主星の陽のエネルギーが伴星の陰のエネルギーでバランスされていることと呼応しています（詳しくはあとでまた触れます）。

後頭骨の隆起部にあるこのエネルギー中枢と、呼吸や循環など重要な自律神経機能を司る延髄とは共鳴していて、この中枢が開くと、呼吸が状況に合わせて自然に変化するようになります。正しい呼吸法はひとつではないことに気づいてください。座っているとき、立っているとき、走っているとき、テニスをしているとき、泳いでいるとき、瞑想しているとき、それぞれに呼吸は異なるでしょう。

　このイニシエーションによって、高次自己はあなたの個人的な霊的進化のためにさらに呼吸に影響を及ぼせるようになります。イニシエーションを受けると自動的にそうなるのです。あなた自身が高次自己に呼吸に働きかけてくれるよう意識的に依頼すれば、より多くの恩恵を受けることができます。呼吸は神への入り口であるため、このイニシエーションを受けるかどうかにかかわらず、高次自己に呼吸への働きかけを依頼することは、誰もができる最も有効な方法と言えます。このイニシエーションを受けた後はいつでも呼吸の変化に気づくでしょう。特に瞑想中にはその変化に気づきやすいはずです。たとえ普通でない感じや煩わしい感じがしても、表面化してくる変化に気づくようにしてください。私たちは呼吸パターンの維持を通して感情を抑圧していることを覚えておきましょう。そのため、これらのパターンが解放され、感情が動き始めると、不安を感じがちなのです。

　アルクトゥルスの「希望」のイニシエーションには、体内に保持できる酸素の量を増やす効果があります。この「呼吸」のイニシエーションでは、保持できる酸素の量を増やすプロセスを継続させると同時に、それを使う能力を高めてくれます。七つの星のイニシエーションはそれぞれ単独でも有効ですが、おもにキリスト意識を啓発するために一緒に働くように設計されています。

このイニシエーションは、関連する呼吸パターンに働きかけることでキリスト意識の啓発を促すのです。こうした呼吸パターンに共通する最も重要な要素は、ハート・チャクラにエネルギーが自由に流れるように胸の動きをよくすることです。

このイニシエーションをもたらすマスターたちは北極星と結びついています。北極星は私たちの太陽の約一六〇〇倍の明るさを持ち、距離は六九〇光年ほど離れています。「こぐま座」の一番明るい星で、地球から見た明るさは全天で四十九番目です。こぐま座は、別名「小北斗七星」とも呼ばれることがあります。

北極星がじつは二重星であることは、あまり知られていません。肉眼では一つの光にしか見えなくても、高精度の望遠鏡で観察すると実際には二つの星があることがわかります。大きいほうの主星は白色で、小さい伴星は青みがかっています。

北極星の位置は、「おおぐま座」の北斗七星を目印に探します。そのひしゃくの器の端を形成する二つの明るい星をそのままの方向で約五倍延長すると、北極星に行き当たります。北極星は、一般に北の極星として知られ、天の北極に最も近い星とされています（北極星《ポラリス》という名前は、「北の星」を意味するラテン語に由来します）。北極星を見つければ、いつでも北の方角がわかります。そして地平線からの北極星の角度によって地球上の緯度を知ることができます。このため、北極星は船乗りや旅人にとって最も重要な星と見なされてきました。

ただし北極星というのは、あくまでも現時点における北の極星です。地球は完全な球体ではなく、太陽と月の引力によって地軸がいわゆる「歳差運動」をしています。これは回転するコマの首振り運動のようなもので、このために天の北極に位置する星は約一万四千年周期で入れ替わっているのです。一万四千年後にはベガが北極星となり、さらにその一万四千年後には現在の北極星がふたたび北極星となります。

北極星は、世界中の文明において不変と堅実の象徴とされています。星のエネルギーを扱う人たちは、北極星のエネルギーを感情的な安定と精神的な集中のために用いてきました。力ずくではなく、高次自己とつながることで意志と落ち着きを結びつけるように助けるのです。そのエネルギーは、グループの一体感と集中力を維持しつつ、それぞれの個性を尊重するように働くので、特にグループワークには有効です。

つねに念頭に置いてほしいのは、星のエネルギーには人間とは比較にならないほど多くの周波数が含まれ、さまざまな用い方があるということです。ある星のエネルギーに同調すると、よく書籍などに述べられているものとは別の性質に気づくことがあります。北極星のエネルギーの特質として一般的なのはいま話したようなことですが、この星はとりわけ数多くの顔を持ち、そのエネルギーの使われ方もいろいろです。北極星のマスターの最も重要な使命は、地球の眉間のチャクラの発達を促すことです。北極星のエネルギーは、特に水晶や水とよく合います。北極星のマスターたちが好む活動ポイントはアマゾン川のような広大な水域です。

……ヴァージニアとアーヴィンの対話

VE　まず、北極星のマスターと、地球の進化との関係をおおまかに話していただけますか。

IF　北極星について大切なのは、それがきわめて多面的なエネルギーで、惑星地球の微細身に永遠ともいえるほど長く作用し続けているということです。どの星のエネルギーも多くの周波数を含んでいますが、なかでも北極星はその傾向が強いため、さまざまな霊的伝統において多様な用い方をされてきました。道教でもフナでも、その役割はとても重要視されてきたのです。

道教の伝統で北極星が使われるのはおもに松果体への働きかけで、北極星からの光を直接、松果体に吸収させ、霊的進化を加速させます。彼らはまた北極星のエネルギーを使って、腎臓の霊的資質である優しさなどを呼び起こしています。ハワイのフナでは、北極星は喉のチャクラの性質、とりわけ創造性を触発するために用いられます。そのほか、細胞の再生にも北極星のエネルギーは有効です。

星のエネルギーについて話すとき、それは物理的な光に限らないことを理解してください。前に、私が「光」という言葉を使ったときには物理的なエネルギーだけでなく、霊的なエネルギー全体を含むと言いました。そこに意識の作用があることは確かなのですが、科学的志向の強い人々にとっては理解し難いかもしれません。その星から来る物理的な光のエネルギーはきわめて微小なので、その星がそんなに強い作用をもたらすとは思えないわけです。しかし、私たちがしているることは、単に北極星の物理的エネルギーに働きかけるのではなく、意識の働きを通して北極星やそのほかの星の霊体に同調しているのです。星は、まさに人間と同じように多層的な微細身のかさなりです。肉体、エーテル体を持ち、さらに高次の微細身もあり、それらのすべてが私たちにとって重要な意味を持っています。

VE　肉体のＤＮＡ鎖の再生という点で、道教とフナのエネルギーを比較するとどうなのでしょう。実際にそれらは肉体に影響するのでしょうか？　今日、多くの人がＤＮＡのシフトを経験していると言います。

IF　北極星を含め、星のエネルギーがＤＮＡの微細《サトル》エネルギー場に及ぼす影響は、現代になってかなり理解されつつあります。それに取り組んできた霊的伝統もありますが、古代の人々には現在の私たちのような霊的・科学的に統合された視点はなく、ＤＮＡについて私たちが現代科学で学ぶような見方で理解していたわけではありません。ですから、地球にやってくる科学や新しい知識を、古代の教えに統合することが大切なのです。

古代の教えも、新しい教えも、どちらも無視することはできません。伝統的な霊的観点を持つ人は、ニューエイジ・ムーブメントで起こっていることを不審な目で見がちですが、そこにはもっともな新しい教えも含まれていることをあまり理解していません。また他方、ニューエイジ・ムーブメントが不信感をもたれる理由は、古典的な霊的伝統が重視するグラウンディングや内観ワークに真摯に取り組もうとしないことが多いからです。それに、はっきり言ってしばしば基本的な霊的知識にも欠けています。例えば仏教でいうと、ニューエイジでは、仏陀が「四諦《したい》」と呼んだ四つの真理のうち、人生の苦しみの現実とその原因である執着について説いた第一、第二の部分よりも、第三、第四の部分に注目しがちです。ニューエイジではすべてが〝完璧〟であると言って、苦しみを無視したがる傾向があるようです。

そのように、道教やフナの伝統ではDNAの観点からは語っていません。

VE　でもニューエイジ・ムーブメントの強みは、現代の情報をオープンに受け入れていくところにありますね。

IF　人類が進歩した証《あかし》です。残念ながら人々は現状のマイナス面に注目しがちですが、広い視野で見れば人類は信じられないほどの進歩を遂げ、現代ではスピリチュアリティへの関心が驚くほど高まっていることがわかります。最近、この一週間でも『タイム』誌に天使に関する巻頭記事が載り、『ニューズウィーク』誌でも天使について大きく取り上げられました。天使への興味も、霊的成長への関心の高まりを示す一例でしょう。

ＶＥ　北極星のマスターは、水晶と水も扱うとのことでしたね。一時間十五分のイニシエーションのあいだに水晶を使ったり、あるいはイニシエーションの前後に水浴したりすることは、北極星のエネルギーを受け取るために何か助けになりますか？

ＩＦ　そういうことも多少は助けになるでしょう。ただイニシエーションはきわめて強力なので、そのような外的な補助がなくても効果の八〇パーセント以上は得られます。

ＶＥ　彼らはアマゾン川をとても好むということですが、五大湖のような広い水域や海洋はどうなのでしょう。

ＩＦ　アマゾン川とのつながりは、その物質的な性質よりも、アマゾンを支える神々の生命に関係があります。広大な水域には神々や自然の精霊が宿っています。水の形而上学的な性質は、その場所の水や土壌や大気の物質的な性質だけでなく、その生態系を支える神々の集団的性質とも関わっているのです。

ＶＥ　神々はそのエネルギーを物質的な惑星のために保持しているのでしょうか。

ＩＦ　そうです。でも純粋にエネルギーの観点から見ると、ある生態系を支える神々の集団的な周波数というのは、川にしても山にしてもその生態系が誕生した文明を物語っているんですね。つまり、神々の集団的エネルギーと、その文明の霊的なエネルギーに存在する自然の周波数とのあいだに相乗作用があるということです。

VE　北極星のエネルギーの影響は、大都市圏から遠く離れている土地のほうが強くなるのでしょうか？

IF　はい。それに現代的な技術文明から離れているほうが、エネルギーが攪乱されにくいのも事実です。

●唯一の正しい呼吸法というものは存在しない

VE　興味深いのは、北極星のイニシエーションのエネルギーが、瞑想中の呼吸、特に胸の動きを改善するのに役立つという点です。このイニシエーションを受けることで、ほかにも何か気づくとしたら、どんなことがあり得ますか。

IF　体の動きと私が言うとき、それはキリスト意識と呼吸がつながっている状態を指します。この知識は現代ではほとんど失われてしまいましたが、こうしたつながりが存在するのは間違いなく確実です。あらゆる霊的伝統は、「悟り」と見なされる意識状態に導く呼吸法を教えています。このイニシエーションで特徴的なのは、すでに述べたように頭蓋骨の底部付近にある中枢をその人のグリッドワーク・システムに結びつけ、これを通して高次自己と密接につながるようにすることです。それによって、高次自己は継続的に呼吸に働きかけ、個人的な霊的成長をさらに促すことができるのです。

このような呼吸パターンは人によって異なり、その人の性質や霊的な成長度に応じて、さまざまな形で現れます。しかし共通する要素は、キリスト意識を促すために胸をリラックスさせ、エネルギーがハート・チャクラを自由に流れるようにすることです。ハート・チャクラを開くことは、キリスト意識を開花させるために決定的に重要なのです。ハート・チャクラを開くように促す呼吸パターンは、ただそれだけで有益ですし、さらにキリスト意識を啓発するように助けてくれるのです。

VE　つまり、人はどんなシフトや変化が必要かを知る必要さえなく、高次自己がただ……

IF　そうです、それがこのイニシエーションの素晴らしいところなんです。実際、一番いいのは自分の人格《パーソナリティ》に退いてもらうことです。この呼吸パターンがどうかといった先入観はないほうがいいのです。そして理解してほしい大事なポイントは、唯一の正しい呼吸法というものは存在しないということです。それぞれの状況に応じて、多種多様な呼吸の仕方があるだけなのです。

たとえ同じ状況でも、瞑想であれ、特定の意識状態に達することであれ、そのための呼吸法は人によって異なります。あらゆる人にとってベストなのは、高次自己とこのイニシエーションが導いてくれるのを自分が邪魔しないことなのです。意識的に呼吸を整えることが無用だとは言いませんし、呼吸法を学ぶことも役に立ちますが、それもやがて手放すときが来ます。

VE　そうすると、例えばヒンドゥー教の導師のもとで呼吸法を指導されたり、仏教のラマ僧について一定の呼吸法を教わったりした場合、その手法は役に立つとしても、究極的にベストな手法ではないかもしれない、ということですか？

ＩＦ　そうです。その個人にとって正しくない場合もあります。人は、自分の感情の保持パターンを永続させるような呼吸の仕方を選びがちです。真剣に成長しようと努め、全体性を感じるために成長を求めている人でさえ、自分自身の保持パターンを完全に開け放つ呼吸法には感情的な脅威を感じてしまい、ほんの少ししか開かない方法を選ぶことが多いのです。

これが、霊的な道で実際に先生につく必要がある理由のひとつです。私たちは自分のブロックや保持パターンを永続させるような信念や習慣を採用しやすい傾向があります。人によって、すでに身につけた呼吸法とは別のやり方が有効なこともあるし、それが従来の呼吸法を補完する場合もあるのですが、とかく呼吸については自説にこだわる人が多いようです。ある確実な方法があって、唯一それだけが正しいと考えがちなのです。繰り返しますが、ただひとつの正しい呼吸法というのはどこにもありません。この真実を特に強調するのが、呼吸の達人である北極星人たちです。

ＶＥ　質問があります。北極星の皆さんはこれほど重要な呼吸をマスターするうえで、物質的にせよ非物質的にせよ、どんな呼吸の仕方をしているのでしょうか。

ＩＦ　それは物質的というより、呼吸の霊的な性質が関係していると思います。なぜ呼吸がそれほど重要なのかについて、北極星のマスターたちと深く話し合ったことはありませんが、ひとつ言えるのは、北極星の霊的伝統においては集合的な意識がかなり重視されていることです。さきほど、北極星のエネルギーはグループの集中力を高めると同時に、各メンバーの個性を尊重すると言いました。私が入門したフナの伝統には、「私たちはみな同じ空気を吸っているが、一人ひとり個別に呼吸しなければならない」という言葉がありました。呼吸は私たちの個別性と相互関係性の両方を表わす、素晴らしいメタファーだと言えるでしょう。

VE　それで北極星人たちは、意識を高めるのを助けるツールとして呼吸を使っているのですね。ところで、頭蓋骨の付け根近くにあるエネルギー中枢というのは、延髄とどんな関係にあるのですか。

IF　玉枕は微細エネルギーの中枢のひとつであり、延髄と関係していますが、延髄と同一視すべきではありません。つまり、微細身のエネルギー中枢はあくまでも微細身にあり、肉体の内にはないのです。同じようによくある誤解として、チャクラは肉体ではなく微細身にあるのですが、人はしばしばチャクラと肉体の神経叢《しんけいそう》を同一視します。しかし神経叢はチャクラではありません。医学の解剖の歴史上、人間の頭頂部に千弁の蓮の花の構造を発見した人はいません。クラウン・チャクラは肉体には存在していないのです。それぞれのチャクラは、神経叢だけでなく内分泌腺や臓器とも結びついています。だからといって、チャクラを神経叢と同一視するのも、臓器や内分泌腺と同一視するのも間違いなのです。

●陰と陽のバランス

ＶＥ　はじめの話に戻りますが、「玉枕」でも「四風門」でも「月の中心」でも、この中枢の陰のエネルギーが脳全体の陽のエネルギーとバランスをとっているのですね。では、なぜ脳のエネルギーは陽なのでしょうか。

ＩＦ　脳のエネルギーを全体として見ると、受容性よりも自己主張のほうが著しく強いのです。生物学的な観点から見た脳の原初的な機能は、環境を制御し操作することで、それが自己主張の方向に偏っているからです。

ＶＥ　そうすると頭蓋骨の底部に近いこの中枢は、どうやって脳のエネルギーのバランスをとっているのでしょう？

ＩＦ　微細エネルギーの観点で見ると、この中枢は微細身の主要な陰の回路、つまりヒンドゥーで「イダ」と呼ばれる背骨の左側を縦走するエネルギーの道から、陰のエネルギーを分配するのを助けているのです。

ＶＥ　この中枢は、私たちが魂の入力と呼ぶ、いわゆる直感とつながっているのでしょうか？

ＩＦ　間違いなく直感や無意識とつながっています。月とも深くつながっているため「月の中心」

とも呼ばれるのです。例えばハワイのフナでは、月の明るい夜に外へ出て、月のエネルギーをこの中枢に吸収し、夢に影響を与えるという伝統があります。そのように、これは私たちの無意識や直感とつながる中枢なのです。

ＶＥ　この玉枕という頭蓋骨の付け根近くにある中枢からの微細エネルギーは、そのほかの体の各部とどんなふうにつながっているのですか。

ＩＦ　微細身の無数の中枢を結びつけるエネルギー回路があるのです。肉体を見ると、内分泌腺や臓器などにそれぞれ中心とでもいうものがあり、それらを互いにつなぐ回路があります。肉体において神経や血管があるのと同じように、微細身にはエネルギーの中枢と回路があるのです。

ヒンドゥー教ではこの回路を「ナディ」と呼びます。これはヒンドゥーの「流れる」という意味の言葉から来ています。これらの回路を通して微細エネルギーが流れるのです。玉枕のエネルギーはナディを通ってあらゆる方向に流れますが、その流れは均等ではありません。例えば、この微細身の中心から肉体の延髄（呼吸や循環系などを制御する脳の一部）へは、ひときわ強いエネルギーの流れがあります。

ＶＥ　西洋社会では知的志向が強いため、私たちの微細身では陰と陽のエネルギーの自然なバランスが阻害されているのでしょうか。

ＩＦ　確かに、微細エネルギーの自然な伝達プロセスが妨げられている可能性はあります。肉体でも無謀なエクササイズや睡眠や食事などで、自然なエネルギーの流れが阻害されるのと同じことです。私たちの文化はきわめてアンバランスで、陽のエネルギーが強すぎるのです。

VE　もっと瞑想をすれば、もっと陰の気が生まれて、バランスを取り戻せるのでしょうか？

IF　はい。それは瞑想による数多くの恩恵のひとつです。微細エネルギーの流れを正しく整えるのを助けます。瞑想は本当にすべての鍵です。霊的成長のための第一の鍵であると同時に、全身のエネルギーの流れに影響するマスターキーでもあります。

VE　アーヴィン、人を透視しているとき、その人の玉枕がきちんと機能しているかどうか、わかるのでしょうか。それが効果的に機能していることをどうやって知るのですか？

IF　はい、わかります。その中枢がその人にどう機能しているのかもわかります。エネルギーに敏感でない人がこういったことを判断するのは困難です。そのため、シャクティを使って自分のエネルギー中枢のバランスをとることが大事なのです。

VE　玉枕などのエネルギー中枢の機能に関して、個人による違いのほかに、文化による違いを感じることはありますか？

IF　ある部分については、確かに文化的な違いがあります。例えば、頭部の精神的機能に関係するチャクラは二つあります。どちらも一般的に眉間のチャクラと呼ばれますが、ひとつは眉と眉のあいだにあり、もうひとつは額の中央に位置しています。ヒンドゥー教では、両眉の中心をアジュナ・チャクラと呼び、額の中央にあるほうはソーマ・チャクラと呼びます。じつはチャクラはどちらの場所にもあるのです。このため、眉間のチャクラがどこにあるかについては意見が大きく分かれていますが、私はその両方をチャクラと言います。どちらも花びらの構造を持っているからです。チャクラとはエネルギーの中枢というだけではありません。チャクラという言葉を単にエネルギー中枢という意味で使う人もいますが、チャクラの特徴は、花弁状の構造をしていることです。

とても興味深いことに、ほとんどの人はこのどちらか一方がより活発です。両方とも活性化させている人はまれで、これは私たちの発達の方向性とも関係しています。インドではたいていの人が両眉の中心のほうが活発ですが、アメリカでは額の中央のほうが活発な人が大半です。人それぞれに進む道が違うように、文化もそうなのです。エネルギーワークのシステムは文化によってふさわしいものが異なります。もちろんこれも一般論であり、結局は一人ひとり、皆それぞれということになりますが。

VE　玉枕の話に戻って、この中枢が呼吸に関係しているということは、例えば喘息や肺気腫などで呼吸が苦しくなる人はこの中枢に問題があるのでしょうか。

IF　呼吸パターンや呼吸の問題には多種多様な理由があります。おもな原因はこの中枢の開きと機能にありますが、それだけではないことは確かです。例えば、アスベストにさらされた人は呼吸困難に陥る可能性が高く、これは純粋に物理的な呼吸の問題であり、その人の微細エネルギーの要因によって引き起こされるものではありません。

VE　地球も〝呼吸〟をしているとのことですが、北極星人たちはそのプロセスに何か関与しているのですか。

IF　地球の微細エネルギー場には収縮と拡張のリズムがあり、地球のグリッドを通して惑星全体に分配されます。それは人々の肺の収縮と拡張に喩えることができます。北極星人たちはこの〝惑星の呼吸〟の進化を促し、なかでもグループ意識の発達を助けているのです。地球にも人体の玉枕に相当するエネルギー中枢があり、北極星のマスターたちの仕事の多くはこの中枢を通してなされます。

ここまで、微細エネルギーについて述べてきましたが、環境毒素によって劣化した空気は、どれほどの微細エネルギーをもってしても再生させることはできません。私たちがこのユニークな惑星の酸素の質に責任を持たなければ、すべての人間と動物の生命を危険にさらすことになってしまいます。

VE　そう、呼吸はあらゆる生命の基本ですね。あなたが言うように、それは自分個人だけではなく全人類とすべての生きものにとって死活問題です。ですから市民の責任として、誰もが自分の国や地域を超えて、地球全体の大気の質に関心を持つべきだと思います。

私たちは地球人であり、ある地域の有害な空気が膨大な数の人々に影響を与えることを決して忘れてはいけません。近年のチェルノブイリの惨状、湾岸戦争の油田焼失、東インド諸島の大火災などはどれも、私たちが地球人として皆つながっていることを如実に示しています。いま私たちがすべきなのは、私たちの吐き出す二酸化炭素を植物界から純粋な酸素に交換してくれる、生きた樹木を保護するよう、政府やあらゆる関係機関に働きかけることです。

私たち人類はここ地球の統治者だと言われてきました。つまり、私たちは原初の地球の清らかな自然を保つことに責任を負っている庭師なのです。私たちが人間として呼吸し続ける限り、この肉体の命という贈り物を、美しい生まれ故郷である地球と、そこに住まう無数の生命のためにささげましょう。

＊＊＊

次のイニシエーションまでは少なくとも一週間以上あけることを忘れないでください。

第7章

プレアデス✦愛のイニシエーション

このイニシエーションを受けるには、二つの予備イニシエーション「微細身を強化するアチューメント」と「幻惑を取り払うイニシエーション」を完了している必要があります。このプレアデスからのイニシエーションは、ほかと同じく、ただ求めるだけで受け取ることができます。イニシエーションの所要時間は一時間十五分です。受ける前に本章を読んでおくことをお勧めします。進め方は112～113ページを参照してください。

………アーヴィンによる解説

プレアデスのイニシエーションの目的は、統合された自然なやり方で安全にハート・チャクラを開くことです。おおまかに言って、チャクラを開く最も効果的で安全な方法は、このイニシエーションのようにシャクティの神聖な知性の導きを通して行うことです。一般的なチャクラのエクササイズでは、花びらが未熟なまま無理やり開かせてしまうことがよくあります。これはほとんどつねにチャクラの機能を阻害し、しばしば傷つけ、ときには永久に損ないます。ハート・チャクラは、その開きとともに徐々にすべての自然な機能を発達させていくのです。

ハート・チャクラの重要な働きとして、すべてのチャクラのバランスをとり調和させることがあげられます。このチャクラが全体の中心に位置するのは、その機能の反映なのです。霊的な観点から、ハート・チャクラの最も重要な機能は、自分自身と他者に対してより大きな愛と慈悲を体験できるように促すことです。最終的に、この愛から私たちはキリスト意識の無条件の愛を体験するようになるのです。ほかの星のイニシエーションと同様、このイニシエーションも、キリスト意識を育むという長期的な目標に向かわせるだけでなく、多様なレベルで即効性のある影響もあります。自分自身や他者への愛と慈悲が大きくなり、静けさが広がり、自然界と深くつながる（これをプレアデスはひときわ尊重しています）といった恩恵も含まれます。

ハート・チャクラが開くというのは、文字通り、その十二枚の花弁の開き具合を集合的に指しています。チャクラに関する一般的な文献では、しばしば四つの事項に混乱が見られ、それを識別する必要があります。その四つとは次の通りです。

1. チャクラの開き具合
2. チャクラのエネルギー量

3．あるチャクラのエネルギー量と、ほかのチャクラのエネルギー量との相対関係

4．チャクラの実際の働き

例えば、同じ茂みの花たちがそれぞれに陽光を浴びているとします。あるひとつの花について、花びらの開き具合、その花に当たる陽射しの量、灌木やほかの花と比べた陽射しの量、そして花の実際の働きなどを考慮することが大切です。この章の後半で、その区別や重要性について説明したいと思います。

プレアデス星団（昴《すばる》）は、「おうし座」にある散開星団で、私たちの太陽系から約四〇〇光年の距離にあります。それは数百もの明るい高温の星々で構成されていて、塵やガスといった星間物質の巨大な雲の中にあります。プレアデス星団のまわりにうっすらと見える青いもやは、そこに残るとても細かい塵の雲に星々の青い光が反射したものです。

古来から、プレアデス星団では肉眼で見える七つの星が有名ですが、実際には視力や観察条件によってもっと多くの星が知られています。ギリシャ神話では、プレアデス星団は巨人アトラスと海の精プレイオネの七人娘である、アルシオネ、マイア、エレクトラ、メローペ、タイゲタ、ケラエノ、アステローペと結びつけられてきました。このなかで最も大きく輝くアルシオネは、私たちの太陽の約一千倍の明るさがあり、最も暗い星はその百分の一以下の明るさです。

プレアデスは北半球で見える最も明るい星団のひとつとして、とても有名です。現代において、

これほど天体写真の被写体になってきた星はないでしょう。古代、プレアデスは多くの文明で知られ、敬われていました。北半球の空では春、プレアデスが日の出直前に昇ると、それを合図に航海や農作業が始まり、秋の朝方にプレアデスが沈むのはその季節の終わりを告げる合図でした。この上昇と下降の時節には、よく宗教的祭祀が行われました。昔からプレアデスの上昇時や下降時には重大な出来事が起こると信じられていたのです。仏陀はその上昇時に誕生し、アトランティスが沈んだのは下降時だったとも言われます。

アルクトゥルス人と同じく、プレアデス人もキリスト意識に取り組みますが、より女性的で、陰の側面への焦点が強くなります。シリウスとアルクトゥルスとプレアデスは、キリスト意識の開花にとって重要なエネルギーのトライアングルを形成しています。アルクトゥルスとプレアデス（なかでもアルシオネ）からの陰の周波数は、シリウスのきわめて強い陽の周波数とバランスをとるように働くのです。基本的に、プレアデスからの陰の周波数は奇数の光線に作用し、アルクトゥルスからの陰の周波数は偶数の光線に作用します。シリウスからの陽の周波数をバランスさせるために二つの陰の源泉が必要であるという事実は、シリウスの強力さを示しています。キリスト意識に関するシリウスの重要性については、シリウスのイニシエーションの章でまたお話ししましょう。

キリスト意識の完全なる開花には、互いに関連する複数の現実レベルの働きが関わっているため、人類にはじつに多種多様な霊的ガイドの導きが必要なのです。

ここで、プレアデス人が得意とするおもな分野を四つ、紹介しましょう。

ひとつは、キリスト意識の発達に伴ってハート・チャクラの働きを劇的に変化させることです。これには、ほかのチャクラと調和させ、バランスをとり、方向づける能力を量的に変化させることも含まれます。またハート・チャクラに眠る潜在能力を目覚めさせ、このチャクラがキリスト意識の発達において重要な役割を演じるように促します。

次に、プレアデス人は、宇宙のキリストの特徴でもある〝あまねく投射〟すなわち、宇宙のキリストのハート・チャクラのエネルギーを宇宙の全地点に等しく投射することに長けているということです。プレアデス人は、キリスト意識の上級学習者がこの「宇宙のキリスト」という普遍的な存在につながれるように助けます。このとき、どの地点も神聖であり、等しく宇宙の中心であるという非日常的な感覚が訪れるでしょう。

またキリスト意識のエネルギーが充分効果を発揮するためには、細胞レベルとしっかり結びついていなくてはなりません。プレアデス人は細胞レベルでの重要な役割を担っており、そこにはDNA鎖に関する中心的な仕事も含まれています。

そして四つ目。物理的な光のなかに宇宙の構造に関する驚くべき秘密が隠されていること、そして少しずつ高い意識状態に通じるためのいわば梯子《はしご》があることを、世界中の秘教的な伝統は知っていました。光をキリスト意識の場として見るのはひとつの方法です（それだけではありませんが）。将来的にプレアデス人たちは、人類が物理的な光のなかで鍵となる周波数を使って「キリスト体」と呼ばれるものを築くように支援するでしょう。それはあらゆる人々の微細《サトル》エネルギー場の内に潜在しているのです。「キリスト体」と「キリスト意識」の発達は相互に関わっており、それぞれに促進し合うのです。古代マヤではこれを多用していました。将来、プレアデス人は、人類が物理的な光のさまざまな周波数を使って、微細身《サトルボディ》のDNA鎖にある受光部を活性化することも助けるでしょう。そうした受光部（パラボラアンテナのような形をした円盤状のエネルギー中枢）には、人類の霊的進化を導く地球外のさまざまな文明からのエネルギーを受け取って統合できるように促す機能があるのです。

……ヴァージニアとアーヴィンの対話

VE　プレアデスはニューエイジの人々から注目されていますが、お話を聞いていると、それなりの理由があるようですね。なぜプレアデスがこれほど人類にとって重要なのか、特にどうして今の時代なのか、簡単にまとめていただけますか。

IF　プレアデスのエネルギーについて最も重要なのは、人類のキリスト意識の開花を助ける、三つの星系のひとつだということです。あとの二つはシリウスとアルクトゥルスです。将来的に、人類にキリスト意識をもたらす陰のエネルギーとしてはアルクトゥルスがより重要になるでしょうが、現時点ではプレアデスが重要だと言えます。なぜなら、プレアデスは現在私たちに作用している二つの意義深い流れに密接に関わっているからです。そのひとつは、惑星地球にバランスをもたらす神聖な女性性の役割の増大であり、もうひとつは、キリスト意識の顕現に向けて人類が量子的飛躍に近づいているという事実です。

私たちはキリスト意識を通して、宇宙のあらゆる地点が神の現れであり、どこも等しく神であると認識することになるでしょう。つまり、私たちがここにいるのは神の非物質的な側面を祝福するためであり、同様に地球の神聖さを祝福するためなのです。

プレアデス人のスピリチュアリティは、キリスト意識の基本である自然の神聖さをとても深く理解しています。自然環境が脅かされている今、プレアデス人は私たちを大いに助けてくれるでしょう。歴史上のイエスは、農耕の比喩を多用したことからも、自然をこよなく愛し、地球と人間のスピリチュアリティの関係を深く理解していたのがわかります。自然界にキリスト意識が注がれることで、自然界の輝きが増すのを多くの人が感じてきたでしょう。この輝きは、プレアデス人から地球のグリッドに送られているエネルギーの賜物でもあるのです。

VE　プレアデス人は自然界と深い関わりがあるとのお話ですが、現在の地球でプレアデスの影響を強く受けている文化はありますか。

ＩＦ　プレアデスは、フナの伝統を通じてハワイに大きな役割を果たしています。ハワイの人々には、例えばメネフネのような存在がプレアデスから来たと信じている人もいます。メネフネはしばしば小人族として言及されますが、じつはデーヴァ、つまり自然界の精霊なのです。

ＶＥ　フナやハワイの伝統の前身はレムリアで、それはプレアデス人の焦点でもあったということでしょうか。

ＩＦ　ええ、まったくその通りです。ハワイには母なる大地やレムリアにまつわる言い伝えが数多くあり、ハワイのエネルギーとレムリアのエネルギーには明らかな類似性が見られます。そう、レムリア人はプレアデスの影響を強く受けていたのです。

ＶＥ　そのほか、地理的あるいは文化的に言えることはありますか？　私はフィリピンの癒しとレムリア時代との関わりについて読んだのですが、今日でもフィリピンの心霊治療などを受けに行く人々をよく見かけます。こうした癒しのあり方には、プレアデス人たちの考えが影響しているのでしょうか、それとも単にこの場所でそうなっているだけなのでしょうか。

ＩＦ　はい。プレアデス人は癒しの才能にたいへん秀でており、自然を通じた癒しの原理をさまざまな文明に伝えることを教えの中心にしています。フィリピンともつながりがあると思います。ほかにプレアデス人から多大な影響を受けたのは古代マヤ文明でした。マヤ人たちは癒しに関しても卓越した知見を持っていました。

VE　プレアデス人たちが、陰あるいは女性性と呼ばれる周波数を使うのはなぜでしょうか。

IF　キリスト意識の開花において、陰と陽のエネルギーはどちらも大切です。プレアデス人が陰のエネルギーに焦点を当てているのは、陰のほうが重要だからではありません。西洋文明では陽のエネルギーが過剰だという事実から、バランスを保つ必要があるのです。

●チャクラは意識の成長とともに開く

VE　チャクラの話に移りたいと思います。さきほどの解説に関連して、チャクラについてもう少し背景になる情報を教えていただけますか。

IF　チャクラについて詳しく話す前に、知っておいてほしいことがあります。チャクラを理解し育むためには、どのような姿勢で臨むかが、良くも悪くも結果に大きく影響するということです。最も有効な鍵は、チャクラの発達は自然な進化のプロセスであると認めることです。「チャクラを開く」というと、まるで瓶の蓋でも開けるかのように機械的な作業に思えるかもしれませんが、そうではありません。チャクラは生きものの一部、つまり自分の一部であることを忘れないでください。腎臓を構成する物質が無生物ではなく生きているのと同じように、チャクラを構成する微細物質も、無生物ではなくて生きているのです。ですから、チャクラを肉体の一部のように大切に扱い、尊重すべきです。そしてチャクラに働きかける最も安全で効果的なやり方は、シャクティを使うことです。

すでに述べた通り、チャクラはその構造も機能も花に似ています。チャクラの構造について最初に理解すべきなのは、チャクラが微細物質で構成されていることです。チャクラがエネルギー中枢として言及されるため、あたかもチャクラそのものが純粋なエネルギーでできているかのような誤解を抱く人も多くいます。チャクラはエネルギーを伝えますが、チャクラ自体は微細物質で構成されています。チャクラ各部の微細物質は花に似て、花びらのように見えることから、東洋では伝統的に花弁に喩えられてきました(図4参照)。それは花びらのように幾重にもかさなっているのです。チャクラは静止しているわけでなく、回転しているので、回転する花のように見立てるといいでしょう。回転によってチャクラの微細物質は細長くなり、全体が円錐状あるいは漏斗状のような形に見えます。

チャクラの発達の様子もまた花に似ています。私たちが霊的に進化するとともに、チャクラは花弁を開くように開いていくのです。意識の成長とチャクラの開きには、ポジティブな循環の連鎖があります。例えば、私たちの愛が大きくなるほどハート・チャクラの花びらも大きく開き、この開きがさらにまた私たちに愛を育ちやすくしてくれるのです。

チャクラを開くための多種多様なエクササイズやエネルギーワークがありますが、それは正しく行われる必要があります。基本的に、こうしたエクササイズに誤解があると混乱を招いてしまいます。それらを行う人たちがチャクラを正確に理解していないと、エクササイズによってさまざまな問題が起こり、ときには深刻な状態も引き起こしかねません。

VE　チャクラを育てるのに最も安全で効果的なのはシャクティを使う方法だということですが、では正しく行わないと問題を引き起こすおそれがあるエクササイズとは、例えばどういうものでしょうか。

IF　一般的なハート・チャクラのエクササイズでは、よくハート・チャクラが開くところをイメージします。そのおもな効用は、ハート・チャクラが開くように促すことです。実際にはエクササイズをしているときはそれほど開きません。花びらが開くのは自然な進化のプロセスだからです。このエクササイズのもうひとつの効用は、そのとき使われる意志と思考のエネルギーによって、ハート・チャクラが活性化されたり刺激されたりすることです。ただし意志や思考のエネルギーの増加はハート・チャクラを開くのにわずかな効果しかなく、おもな作用は、エクササイズの創造的ビジュアライゼーションから時間をかけてもたらされます。

さきに述べた混乱のひとつは、チャクラを〝開く〟ことを〝活性化する〟ことと取り違えてしまう点です。この二つは同じではありません。チャクラを開く短いビジュアライゼーションには、ハート・チャクラを活性化させる効果がありますが、この感覚を好んで長時間やりすぎてしま

図４　ハート・チャクラは３枚の花びらが４重にかさなったような形をしている。花びらの中心には、その人の神聖な個性を担う「モナド」が投影されている。

う人が多いのです。こうしたハート・チャクラへの過剰な刺激は、心疾患などを含むさまざまな問題を引き起こす可能性もあります。このエクササイズ自体は本質的には何も問題ないのですが、問題は長くやりすぎることです。肉体の筋トレが適切な時間なら有益でも、長すぎると筋肉を傷めてしまうのと同じで、微細エネルギーのエクササイズもやりすぎは禁物なのです。

チャクラを活性化させたり刺激すると、より多くの生命エネルギーが得られ、喜びを感じることができます。ですからチャクラの活性化は、刺激が過剰にならなければ良いのですが、ほとんどの人は危険ゾーンに踏み込んでも気がつきません。

刺激は、私たちの新しいパターンを開くように促すのではなく、むしろ既存のパターンを助長させてしまいやすいことを理解する必要があります。チャクラを開く目的は、新たなパターンを展開させることです。ハート・チャクラが開くほど、より愛に満ちた人間になります。意識の変化によってチャクラが開くのは自然なプロセスであり、急かすことはできません。私はよく言うのですが、花の生長を早めて無理やりつぼみを開かせることはできないのです。それにハート・チャクラを開く基本は、より愛に満ちた人間になることで実現されるのであり、いくらビジュアライゼーションやエネルギーワークに励んでも、その代わりにはなりません。

チャクラを開くためにエネルギーワークをするのなら、シャクティを使うのが一番です。なぜならシャクティは、それぞれのチャクラにどの程度、どのように働きかけるべきかを正確に知っているからです。シャクティを使うことで、一般的な多くの手法の誤用からもたらされる有害な影響を避けることができます。

VE　チャクラを開くことと活性化することの違いはわかりましたが、チャクラのエネルギー量についてはどうでしょう。チャクラ全体、あるいはチャクラどうしの適切なバランスや比率とは？

IF　まず言っておきたいのは、あるひとつのチャクラだけを見て、そのエネルギー量の過不足を判断することはできないということです。例えば、あるエネルギー療法士は、クライアントのみぞおちのチャクラだけに手を当て、エネルギーが過剰になっていると告げたとしましょう。このとき療法士が考慮に入れていないのは、その人のエネルギー場全体がとても強く、すべてのチャクラが多量のエネルギーに満ちているかもしれないことです。みぞおちのチャクラのエネルギー量は人によってかなり違います。ほかのチャクラもそうです。ただしここで重要なのは、その人の各チャクラのエネルギー量はどこもだいたい同じだということです。

多くのスピリチュアルなワークでは、下方のチャクラを軽視する傾向があり、その結果、上方のチャクラがエネルギー過剰になりやすいのです。しかし下方のチャクラが存在するのには理由があります。下方のチャクラが霊化されると、上方の回路の霊化と調和するように機能しはじめるのです。ハート・チャクラのエネルギー過剰が心臓の問題を引き起こすという先の例のように、下方のチャクラに対して上方のチャクラのエネルギー量が多すぎると、健康上の問題を引き起こしかねません。実際、ハート・チャクラを重視する伝統のグルには、ハート・チャクラにエネルギーを集中させすぎるあまり、心臓に問題を抱えている人も少なくないのです。

多くの場合、ある特定のチャクラを使って瞑想したりエクササイズをしたりすることで、ほかのチャクラと釣り合いがとれなくなり、エネルギーのアンバランスが生じます（もう一度いいますが、チャクラに働きかける最良の方法はシャクティを使うことで、それによってこの種の問題を避けることができます）。

瞑想や一般的なエネルギーワークを行う場合には、すべてのチャクラに均等に働きかけることをお勧めします。誰でもチャクラのシステムには何らかのアンバランスがあり、チャクラが均等に働いていない人は、そのアンバランスを維持するようチャクラに働きかける傾向があるのです。例えば、愛よりも意志の質を重視する人は、典型的にみぞおちのチャクラが過度に発達しています。みぞおちにエネルギーを満たすことは安心感につながるので、ひとつだけチャクラを選ぶとしたら、このチャクラに働きかける人が多いのです。けれども、みぞおちのチャクラをほかよりも過度に鍛えることは、そのアンバランスを継続させてしまうことにもなります。

VE　チャクラの機能について、ほかに話しておきたいことはありますか？

IF　チャクラのシステムはとても複雑で、その機能はオーケストラに喩えられます。個々の楽器は完璧に調律されているのに、ほかの楽器と調和していないようなものです。それぞれのチャクラは開き、適切なエネルギー量を帯びていても、全体が統合したやり方で機能していないかもしれないのです。

チャクラのワークをするとき、たいていは一度にひとつのチャクラに集中します。ですがチャクラはまとまって機能しています。三つ、四つのチャクラがまとまって機能する場合もあります。私の師、DKが言うには、チャクラの機能を理解するには特にチャクラのトライアングル、つまり三つのチャクラに注目することが大切だそうです。しかしながら、ほとんどのチャクラの本ではこれについて触れられていません。

VE　プレアデスのイニシエーションが愛の祝福であり、ハートと関連しているということは、そのトライアングルにはハート・チャクラが含まれるのでしょうね？

IF　私たちはハート・チャクラを通じていろいろと形成するので、そこには数多くのトライアングルがあります。ハート・チャクラはさまざまな現実レベルをひとつに結びつけているのです。例えば、ハート・チャクラ、喉のチャクラ、眉間のチャクラがトライアングルになると、直感的な理解力が高まります。

VE　すべてのチャクラは、それぞれ個別に働くだけでなく、グループとしても機能するということですね。その結果、どうなるのでしょう？

IF　そうするとチャクラシステムはその究極の目的を果たすことができます。すなわち、私たちをより高い意識状態へ、そして神へと上昇することを助けるのです。

●次元上昇とは形の変化でなく意識が変わること

VE　つまり、次元上昇《アセンション》ということですね。トム・ケニオンのチャネリングによる集合意識ハトホルという存在は、『ハトホルの書』*という本のなかで、百万人が愛と音の周波数を使って体ごと高い周波数に次元上昇したと述べています。これからの時代、人類が体を携えて三次元を超えた周波数領域へと、文字通り次元上昇する可能性はあると思いますか。

IF　最終的には個人個人でそうなるのだと思いますが、ハトホルのような素晴らしい例は一般的なシナリオとは言えないでしょう。ほとんどの人は、一般に考えられているよりもずっと先の霊的進化を遂げた時点で、それが起こるのだと思います。

VE　物理的な次元上昇は、意識の側面とは異なるという認識が大切ではないでしょうか。意識はすでに絶え間ない成長と拡張の状態にありますよね。

IF　はい、そうです。驚くべきことに、意識はいくらでも広がることができ、たやすく別の時間、別の空間、別の次元へと移行できるのです。

VE　次元上昇の話題に関する私の懸念は、多くの人々が意識の次元上昇を物理的な次元上昇のように勘違いしていることです。体ごと上昇して、物質的な生活を捨て去りたいと思っているのです。誰かが救いに来てくれるのを待っている人もいます。たぶん宇宙船で迎えに来て、遠く離れた世界に連れていってもらえると期待しているのかもしれません。私が受け取るガイダンスはつねに、私たちがここにいるのは物質的なものごとに霊的な意識を統合するためだということです。物質的な惑星を去るということは、責任を放棄することになるのではないでしょうか。

ＩＦ　本当にそう思います。私たちは、非日常ではなく日常において、肉体を離れてではなく肉体にいながら悟るようにできているのです。西洋文明ではこのことを否定しがちです。覚醒に至るには次元上昇しなければならないと信じている人たちは、その信念の犠牲になっていると思います。霊的進化とは、物質を超越することでなく、物質とスピリットを統合することなのです。マイスター・エックハルトは、「魂は肉体を愛する」と言いました。聖アウグスティヌスは、「魂と肉体は相補的なものであり、神は肉体を創造せずして魂を吹き込むことはできなかった」と述べています。

多くの人が次元上昇を望んでいます。肉体を離れれば自動的に霊的進化が加速する、あるいは究極の幸せを体験できると信じている人もいます。しかし肉体にいながら完全なる神性や今この瞬間の幸せを受け入れることができなければ、その不能感を抱えたまま光の体になるのです。光は周波数ごとに異なるので、たとえ低い周波数の光の体になったとしても、肉体にいたときと同様にやはり満たされないでしょう。本当に変えるべきなのは、この〝満たされない〟という意識

＊『ハトホルの書』トム・ケニオン＆ヴァージニア・エッセン著（二〇〇三年、ナチュラルスピリット刊）。二〇一三年に改訂され、『新・ハトホルの書』として発行。

のあり方なのです。

VE　それは、私たちの物理的状況や惑星の生命状態を改善することに意識は使えないという意味ではありませんね。

IF　もちろんです。簡単にいうと、問題解決としては形を変えるのではなく、意識を変えることなのです。人は次元上昇すると私は信じていますが、どんな形の変化も、究極的には意識の変化の結果です。皮肉なことに、次元上昇の必要性を強く感じるのは、自分の意識が変わっていない証拠でもあります。

ユダヤの古い説話に、二人の男のこんな物語があります。ひとりの男は、ラビを訪ねてこう相談しました。「ラビ、私はずっとこの村で暮らしてきたのですが、別の村に引っ越そうと思います。次に行く村の人たちはどんな感じか教えてください」。するとラビは「息子よ、今の村の人たちはどんな感じかね？」と聞きました。彼は、「みんなとても意地悪で、思いやりのない人ばかりです。なぜ私が引越しするか、おわかりでしょう」と答えました。するとラビは言いました。「ならば次の村でもそのような人たちに出会うであろう」。別の日、同じ村に住む別の男がやってきて、ラビに同じ相談をすると、ラビはまた「息子よ、今の村の人たちはどんな感じかね？」と尋ねました。彼は「みんなとても親切で、これまで会ったこともないほど素晴らしくて優しい人たちなんです。だから本当は去りがたいのですが」と答えました。ラビは言いました。「息子よ、ならば次の村でもそのような人たちに出会うであろう」。

あなたが今の次元、つまりこの肉体での人生に満たされていないとしたら、別の次元や光の体に移行しても同じように満たされないでしょう。解決策は、住む場所を変えることでも体の形を変えることでもなく、自分の意識を変えることなのです。

VE　天災や戦争が起こっているこの世界で、どうすればポジティブな態度で生きることができるでしょう。私たちは生まれてきた大きな目的の感覚を失わないために、人生には何か建設的なものが必要です。

IF　私の好きな詩人のひとりにウォルト・ホイットマンがいます。彼の詩に、「ゲームの中にいることと外にいることとの両方を学ばなければならない」という素晴らしい一節があります。これが本当の答えです。私たち人間は、ある部分では時間の領域、ある部分では永遠の領域にいます。私たちは時間の領域で、仲間と関わり、何が起こっているかを気にかけるだけの存在でなければなりません。そうでなければ人間らしさを失ってしまいます。そしてまた、そのプロセスがあるべき姿で展開することに神聖な忍耐力を持てるほどに永遠の領域にいなければなりません。ヒンドゥーの古代の聖典『バガヴァッド・ギーター』には、クリシュナがアルジュナに言った「神は活動する必要がなくても休みなく活動している」という美しい言葉があります。

●十二本のDNA鎖は肉体ではなく微細身にある

VE　ところで、前のお話にあった、微細身のDNA鎖を活性化させるための物理的な光の周波数についてお聞きしたいのですが。

IF　人類は自分たちだけで進化するのではなく、さまざまな惑星の霊的存在と協力して進化することが最初から意図されていました。これは地球人類だけでなく、ほかの惑星の住人たちも同様で、より霊的に進化した先達の文明によって助けられることになるのです。微細身のDNA鎖（肉体のDNA鎖ではありません）には、十二光線のいわば受光部があり、これらは人類進化のある時点で活性化します。すると十二の受光部はそれぞれ、私たちが導きを受け取ることになっている文明からのエネルギーに、より正確に同調できるようになるのです。私の考えでは、人類全体でこれらの光線の受光部が活性化するのは何世紀も先のことかもしれません。

VE　ということは、微細身のDNAの影響は、肉体のDNAとは異なることを理解する必要があるのでしょうか？

IF　じつは、「DNAは十二本ある」という近年の情報は、おそらくこのような意味だったのではないかと私は思っています。つまり、十二本のDNA鎖という情報を受け取った人は、それを肉体のDNA鎖のことだと思い込んだのでしょう。形而上学的な見地からは、物理的なDNAの十二本鎖について語ることにあまり意味はありません。なぜなら現象界は、夜と昼、暑さと寒さなど、二元性の原理で構成されているからです。例えば、私たちの体内を見ても腎臓は二つあります。右の腎臓は左の腎臓よりも陽に傾いており、左の腎臓は右の腎臓よりも陰に傾いています。こうした二元性はすべて、創造の原始光線、カバラでいうところのカブ光線が、陰の側面と陽の側面を持っているという事実を反映しているのです。あらゆるものはこの原始光線から生まれているため、宇宙のすべてのものに陰と陽の両面があります。ＤＮＡ鎖に意識を合わせてみると、一方が陰、もう一方が陽で、そこには原始のカブ光線の陰と陽のきわめて明確な関係があることがわかります。私たちが霊的に進化するにつれ、チャクラ、内分泌腺、ＤＮＡなどのエネルギー中枢は振動率を上げていきますが、その数が増えることはありません。

ＶＥ　その通りだとすると、いますでに微細身の十二光線の受光部がいくつか活性化し始めているのでしょうか。もしそうなら、私たちのチャクラや物質生活にも影響があるのですか？

ＩＦ　私の理解では、将来、この光線の受光部が活性化されると、人はもっとずっと地球外のエネルギーを受け取りやすくなり、それぞれの受光部が一揃いのエネルギーと関連づけられるようになります。したがって、この受光部の活性化は直接チャクラに影響を与えるものではありません。しかしながら、その活性化の結果として吸収されるエネルギーがきわめて強い効果をもたらすことは間違いないでしょう。

ＶＥ　その微細エネルギーにおける十二のＤＮＡの受光部というものを、もう少し詳しく話してもらえますか。それについてはどんなことがわかっているのでしょう?

IF　こうした微細身の十二のDNAの受光部のいくつかは、シリウス人やプレアデス人のような、あなたがたが自然に予期したり認識している地球外の文明によって活性化されるでしょう。しかし、なかには私たちがはるか遠い未来に接触することになる文明も含まれ、そのいくつかはまだ人類には明かされていません。どこの星の存在なのかを推測するのは確かに楽しいですが、現時点ではあくまでも推測にすぎないのです。

VE　つまり、本書の七つの星のイニシエーションを受ければ、そのDNAの受光部が開かれると約束されているわけではないのですね。

IF　そうです。さっきも言ったように、これは人類全体にとって少なくとも何世紀も先の、はるか未来に起こることでしょう。

VE　それでも私たちは、いま提供されるものをできるかぎり吸収することで、最終的にどこへ行くのか、いつ行くのかについて、その後もサポートを受けられるのでしょうか。

IF　それは確かです。これらの七つのイニシエーションに参加する人は、誰もがこのプロセスの開拓者です。こうしたエネルギーを呼び込むことで、人類の進化を助けているのです。そのエネルギーを帯びた人が同じ部屋にいるだけでも、人々の進化を促すことになります。

ここにはまた、もうひとつの原理が働いています。それは、霊的階層がこの惑星に送ることのできるエネルギーは、すでにここに存在するエネルギーの受容性と共振性によるというものです。別の言い方をすれば、霊的階層は彼ら独自のルールで成り立っているのです。霊的階層といえども、組織には従うべきルールがあります。彼らのルールでは、まったく新しいエネルギーよりも、すでに前触れがあったり何らかの形で存在しているエネルギーのほうが、この惑星に送ることを許可されやすいのです。

VE　地球のグリッドが一定の周波数にならないと、これらのイニシエーションを扱うことはできないということでしょうか。

IF　これらの特定のエネルギーについてはそうではありません。ただし、あるエネルギーが地球に入ってくるためにはグリッドが一定レベルまで進化していることが前提になる、という場合があるのも事実です。

VE　地球のグリッドはいま、エネルギー的にシフトしていますか?

IF　地球の微細エネルギーのグリッドはとても劇的にシフトしています。これについてはニューエイジの定説通り、すべてがスピードアップし、ますます多くのエネルギーが地球に入ってきています。私たちの進化と、入ってくるエネルギーの波動にはポジティブなフィードバックの循環があります。これらのエネルギーが私たちを進化させるのです。私たちがある時点まで進化するとより高いエネルギーを受け入れることができ、それがさらに進化に拍車をかけるということになります。ですから、ある時点からどんどん加速化していくのがこのプロセスの本質なのです。それは指数関数的なカーブです。ある時点から、カーブが本格的に始まります。私たちはそれを体験しているわけです。進化の指数関数的な加速というのは、創造のあらゆるサイクルにおいて言えることです。

VE　私はグレッグ・ブレイデンが提唱したゼロポイントの情報と、母なる地球自身がその呼吸や脈動をますます速めているという事実を思い出します。これはグリッドのせいでしょうか、それとも、私たちがまだ知らない別のエネルギーによるのでしょうか？

IF　私たちが地球のグリッドというとき、二通りの意味があります。物理的な電磁エネルギー線を示す場合と、地球の微細エネルギー場を指す場合です。地球の微細エネルギーのグリッドシステムと、物質的な地球の電磁場との関係性については多くの考えるべき点があります。そのひとつは、地球の科学技術によって生じる電磁場のゆがみを防ぐことです。というのも、それによって地球の微細エネルギー場だけでなく、私たちの微細身にもゆがみを引き起こす可能性があるからです。二つ目に、地球の電磁場と微細エネルギーのグリッドのあいだには相関関係がありますが、もっと重要なのはそれぞれを個別に理解することです。地球の微細エネルギーのグリッドは、電磁場でつくりだせる変化よりもはるかに速い進化を可能にするのです。

それは人間の状況に似ています。人間が霊的に進化するにつれて、そこには確かに肉体的変化もあるのですが、最も劇的な変化は微細身で起こります。微細身は肉体よりもはるかに影響されやすくて柔軟です。わずか数時間の高度なエネルギーワークで、長年の筋トレや形成外科手術以上の変化をもたらすこともできるのです。ですから私たちが霊的進化について話すときには、肉体でなく微細身の変化について述べているのを理解してください。実際、肉体にも変化は起こりますが、私たちの文明には物質的な現実とスピリチュアルな現実を混同してしまう傾向がありますす。その一例が、お話ししたDNAの十二本鎖です。私の見解では、霊的な進化のために肉体に十二本のDNAを持つ必要はありません。腎臓や肺と同じように二つあれば充分なのです。

VE　今日、病気になったり体の不調で苦しんでいる人はたくさんいます。この本のイニシエーションのエネルギーは、私たちの健康にどのような影響を与えるのでしょうか。体調の改善は見込めますか？

IF　当然ながら、これらのイニシエーションは霊的な側面に主眼が置かれています。もちろん、霊的な側面は心や感情の状態と切り離すことはできません。それらは体にも深い影響を及ぼすことがわかっています。前にも触れたように、感情的な孤立と心臓病には関係があります。この本のイニシエーションは、体の健康に作用することを直接意図したものではありませんが、結果的にそうなる可能性はあります。例えば、自分自身や人々に対する大きな愛を経験することで健康状態がよくなるかもしれません。しかしながら、大切なのは、霊的な人生それ自体が宝物であると理解することです。

スピリチュアルな人生に乗り出すことで、物質的な生活が改善するという保証はありません。健康になるとか、裕福になる、有名になるという保証もありません。これは完全に理に適ったことです。もしも霊的進化の追求が何らかの物質的な幸福に結びつくという保証があるとしたら、人々に間違った動機で霊的進化を探求させてしまうことになります。前にも言いましたが、偉大なグルや聖人であっても病気に罹ってこの世を去る場合があるのです。

VE　この章を終えるにあたり、もう一度いいましょう。星々からのエネルギーの祝福を受ける第一の目的は、物理的な変化よりも霊的な進化だということですね。

IF　ええ。私にとって霊的進化の根本的な恩恵とは、こうしたエネルギーの向かう先が、私たちの人生に意味を与えてくれることです。人生に意味があれば、体に問題があるときもそれほどひどく気落ちしないですみます。意味は、何かしら私たちよりはるかに大きなつながりから来ています。そのつながりは愛でできているのです。私たちの望みは、ハート・チャクラを開くというプレアデスの祝福によって、その愛に多くの人々が気づけるよう手助けすることです。

＊＊＊

次のイニシエーションまでは少なくとも一週間以上あけることを忘れないでください。

第8章 ベガ✦慈悲のイニシエーション

このイニシエーションを受けるには、二つの予備イニシエーション「微細身を強化するアチューメント」と「幻惑を取り払うイニシエーション」を完了している必要があります。このベガからのイニシエーションは、ほかと同じく、ただ求めるだけで受け取ることができます。イニシエーションの所要時間は一時間十五分です。受ける前に本章を読んでおくことをお勧めします。進め方は112〜113ページを参照してください。

……アーヴィンによる解説

ベガからのこのイニシエーションは、普遍的で神聖な慈悲の心を養うためのものです。慈悲とは、人の苦痛を和らげたいと願う気持ちです。慈悲は共感ではありません。共感は、人の感情を深く共有することです。慈悲は共感よりも能動的です。また慈悲は同情や哀れみとも違います。

同情や哀れみは他と自分のあいだに線を引きますが、慈悲は他と自分を一つにします。

人は霊的に進化するにつれて、〝普遍的で神聖な慈悲〟と呼ばれる性質を自然と身につけていきます。この神聖な慈悲と、通常の慈悲との関係は、無条件の神聖な愛と通常の愛の関係になぞらえることができます。普遍的な慈悲とはその名の通り、何も排除せず、あらゆる存在にあまねく及ぶものです。ですがいくら言葉で述べても、その美しさと力強さは充分伝わらないでしょう。

普遍的な慈悲は、あらゆる意識状態のなかで最も絶妙で、人生を変容させるものとされています。それを一瞬でも体験すれば、人はもう二度と同じではありません。普遍的な慈悲は、個々の進化のためだけでなく人類全体の進化にとって重要なのです。ダライ・ラマは、「慈悲は人類の生存にとって必需品であり、贅沢品ではない」と言っています。

ベガの教えによれば、私たち人間は、より大きな慈悲を体験することに根本的な感情のブロックとして、三つの恐れを持っています。その三つとは、心の痛みへの恐れ、弱さへの恐れ（慈悲を感じると自分自身から何かが失われてしまうのではないかという恐怖）、そして自分の道を逸れることへの恐れです。実のところ、真の慈悲とは、同情や共依存と異なり、私たちが恐れているものとは正反対の方向に導いてくれるのです。

私たちがこれらの恐れを解放し、より大きな慈悲の心を育むために、ベガ人たちは次のようなワークを伝えてくれました。これは慈悲のイニシエーションとはまた別で、ベガのイニシエーションを受けるかどうかに関わらず誰でも行うことができます。実際に慈悲の心を高めたいと思い、それを妨げる三つの恐れのいずれかを感じたときは、ぜひやってみてください。慈悲は強制できません。いうまでもなく慈悲の心は、エネルギーとともに意識に働きかけることで最もよく育まれます。人の立場になって想像してみるのもよい練習になります。

このワークは、三つの恐れのどれかが慈悲をブロックしているとき、閉じたみぞおちのチャクラを解放する必要があるという事実にもとづいています。三つのステップそれぞれに、少なくとも二～三分かけてください。

1. みぞおちの力をゆるめましょう。みぞおちに息を吸い込み、吐き出し、リラックスしてください。
2. みぞおちに花をイメージします。花びらは頭上に向かって開いています。
3. 花のイメージを手放してください。今度はみぞおちに一本の木をイメージします。木はみぞおちに根を張り、ハート・チャクラの中心まで伸びています。そして木の枝が四方八方に広がり、ハート・チャクラ全体を包み込むのを思い描いてください。

全部で一〇分もかからないので、ぜひ頻繁に練習するといいでしょう。

このワークと慈悲のイニシエーションをもたらすのは、ベガという星（織女星）からのマスターたちです。ベガは「こと座」の最も明るい星で、地球から約二十六光年の距離にあり、その明るさは私たちの太陽の約五十八倍です。全天で五番目に明るい恒星であり、北半球の夏の夜空に明るい輝きを放ちます。ベガは、「はくちょう座」のデネブ、「わし座」のアルタイルとともに夏の大三角形の一角を形成しています。ベガは人類が最初に写真撮影に成功した（一八五〇年、ハーバード天文台にて）恒星でもあります。

ベガ人たちは、地球と最も長く関わってきたグループのひとつです。草木、水晶、岩石（特にみかげ石）などを含む自然のエネルギーとともに働いています。歴史的に見て、彼らは地球のエネルギー中枢とグリッド、なかでも地球のハート・チャクラに働きかけるという、重要な役割を果たしてきました。西暦一五〇〇年頃以降は、ほかのグループほど目立った活動はしていませんが、これから数世紀のうちにふたたび脚光を浴びることになるでしょう。

ベガ人は芸術的で、創造のプロセスを詳細に究めています。彼らの文明は美を尊びます。とりわけ音楽を愛し、人々の〝魂の音色〟を呼び出すという、霊的な音楽の使い方に長けています。実際に古代ギリシャをはじめとする文明で、ベガは神話のヘルメスの七弦の竪琴にちなんで「ハープ星」とも呼ばれました。アメリカの詩人ジェームズ・ラッセル・ローウェルは、この竪琴の弦は「聖なる耳に聞こえる音楽を奏でる」と表現しています。

ベガの霊性は、地球の伝統的な仏教と多くの点でよく似ています。仏教徒と同じように、慈悲の心を育むことを重視します。普遍的な慈悲の性質が発達すると、人間のエネルギー場に潜在する、「慈悲の体」とでも呼ぶべき微細身《サトルボディ》が現れてくるのです。この微細身の進化と、慈悲の心の発達には相関関係があります。この微細身は独特の周波数レベルに存在しています。よく知られているように、密教（仏教の一派）では、これらの周波数レベルや微細身全体に働きかける技法を数多く編み出してきました。ベガ人は洗練された光の体のシステムを数多く開発しており、そこには密教で使われているのと非常によく似たものが含まれます。

あまり知られていないことですが、無条件の愛の性質と、西洋でキリスト意識として知られる意識状態が発達するにつれて、「愛の体」とも呼べる、似てはいるけれども微妙に異なる微細身が進化していきます。この愛の体もまた、人間の微細身に潜在しているのです。この微細な愛の体の進化と、無条件の愛の発達にもやはり相関関係があります。西洋文明では、この愛の体は「キリスト体」と呼ばれ、アトス山の修道士のようなキリスト教の秘教的伝統と結びついてきました。けれども、この体とその活用法に関する知識は、どんな特定の伝統にも属さないことを認識しておくべきです。それはカバラや古代マヤ、古代ケルトなどでも広く扱われてきたのです。

低次元の視点で見れば、慈悲と愛は、関連性はあっても別の性質です。ときには、慈悲はより他者の苦しみを和らげることを願い、愛はより他者の幸せを願うとも言われます。ところが高次元の視点から見ると、慈悲と愛は別々の性質ではなく、より大きな分割されていない全体の側面であり、いわば同じ虹のなかの色の違いのようなものです。慈悲の体と愛の体がともに発達したその先に進化のステップがあります。そのステップとは、両方の微細身が、より大きな分割されていない全体として統合されることです。人類を導くうえで、ベガの長期的な第一の役目は、この二つの微細身の統合を支援することなのです。彼らはこの目的を果たすために、光の体の特別な技法をもたらしてくれるでしょう。

……ヴァージニアとアーヴィンの対話

VE　慈悲と愛はどちらも地球に大いに必要とされています。プレアデスの愛の祝福と、ベガの慈悲の祝福はどのような関係にあるのでしょうか。

IF　愛と慈悲はつながっていますが、同じ性質とは言えません。質感が異なります。私が愛と慈悲について述べるとき、それは神の愛と慈悲を指すことが多いのですが、そうでない一般的な場合でも、愛と慈悲の違いは何かしら感じられます。この章のはじめにも述べたように、たいていは慈悲は人の苦しみを和らげたいという気持ちが強く、愛は人を幸せにしたいという気持ちが強いでしょう。

ＶＥ　イエスは「兄弟を自分のように愛しなさい」「自分がしてほしいように他人にもしなさい」と言いました。誰かを愛するあまり、自分がしてほしいことを相手にしてあげるのは愛でしょうか、それとも慈悲でしょうか。

ＩＦ　ええ、確かに愛と慈悲はつながっています。でもこれを読んでいる人も、ちょっと立ち止まって感じてみてください。誰かを慈しんでいるときの気持ちと、誰かを愛しているときの気持ちを自分のなかで再現してみると、その質が同じではないのがわかるでしょう。相対的に慈悲は愛よりも陰の性質が強く、愛は慈悲よりも陽の性質が強いのです。それは、より大きな全体における二つの側面のようなものです。

仏教で培われた普遍的な慈悲の心、つまり人に対する深い思いやりを経験するとき、そこには静寂や安らぎがあります。慈悲には行為への衝動が含まれていることを強調したいと思います。これが慈悲と単なる共感の違いです。とはいえ、深い慈悲の心には、言葉にするのがとても難しい、ある種の静けさがあります。慈悲にくらべて、愛にはより積極的な性質があるのです。

慈悲と愛を、どちらが優れているかという観点で見ることはできません。むしろ一方を育むことが、もう一方の発達を促すことになります。ほとんどの人は、自分がいまいる場所からいきなりすべての人に無条件の愛を持つことはできません。まずはじめに、あらゆる人に慈悲を持つという段階を経る必要があるのです。すべての人への慈悲は、個人の人生でひとりか数人を深く愛する経験によって育まれます。

VE　この議論に、平和という概念を持ち込んでみたいと思います。慈悲も愛も、その先には、すべての存在が調和し、尊重され、敬われ、大切にされるという普遍的な理解が含まれているということでしょうか。

IF　仏意識を本当に身につけた人は、キリスト意識を本当に身につけた人と同じように、平和の感覚を持っています。この性質は仏教の伝統によってより深く養われてきました。例えば、チベットのラマ僧の近くにいると、その体からはとても強い平和や静寂の質が波のように放射され、まわりの人々に深い影響を与えるのがわかります。キリスト意識の道を歩んできた人は、平和の感覚も発達していますが、放射されるエネルギーはむしろ人々の愛や喜びを呼び起こすことが多いようです。確かに重なり合う部分はありますが、しかし決して同じではありません。

すべての伝統は同じことを教えているという単純化された見方もありますが、そこには重要な共通点があることも踏まえつつ、違いを認識することの大切さも心に留めておくべきでしょう。透視者やエネルギーに敏感な人から見ると、その伝統によって異なる側面を発達させていることが明らかにわかります。というのも、それぞれの伝統で培われた修行者たちの発するエネルギーはまったく異なっているからです。

VE　普遍的な慈悲は何も排除せず、あらゆる存在にあまねく及ぶ、とはどういう意味なのか、もう少しお聞きしたいです。それは誰から誰に差し向けられる慈悲なのでしょう。

ＩＦ　仏教で古来から言い習わされてきた言葉に、「慈悲はすべての衆生に及ぶ」というものがあります。私たちが言うのは、意識を持ち、それゆえに本性として苦しみを抱える存在たちのことです。動物にとっての苦しみの質は、人間とは異なります。なぜなら人間には時間という意識があり、つねに過去や未来を考え、それが苦しみの原因となっているからです。しかしある存在が、人間と同じような形であろうとなかろうと苦しみを経験するほど進化していれば、その存在に苦しみを与えるような振る舞いをしてはならないという道徳律があるのです。

ＶＥ　だから、例えばヒンドゥー教では、どんな動物も人間以上の慈悲にもとづいて大切に扱われるのですね。

ＩＦ　その通りです。そこには人間だけでなく、地球に住むすべての生命や、地球そのものも含まれます。ほかの惑星の存在たちもです。

●意識とエネルギーは分かち難く絡み合っている

ＶＥ　明らかなのは、慈悲とは限定された形で抱くものではないということですね。ではエネルギー的にも意識的にも、どうすれば慈悲の心に達するのでしょうか。

ＩＦ　はい、これはとても大切なことです。まず、宇宙の基本的な真実に立ち返る必要があります。宇宙には意識があり、エネルギー（これを波動と呼ぶ人もいます）があります。意識とエネルギーは互いに分かち難く絡み合っているのです。どちらか一方ではあり得ません。だからといって、この二つを同一視することはできません。しばしばニューエイジの文化では、すべてが波動だと言います。これは単純にいって事実ではありません。人間には意識があり、自由意志があります。それは波動には還元され得ないものです。私たちにはそれ以上に、尊厳があります。私たちは単なる波動の寄せ集めではなく、それを超えた存在なのです。現象界は波動だといえますが、生命には現象界以上のものがあるのです。

最も古い叡智のひとつ、ヒンドゥー教の伝統は、未分化の意識は振動していないとはっきり述べています。そこにはシヴァ（意識の原理）とシャクティ（エネルギーの原理）という区別があります。ですから、すべてが波動であるという考え方は純粋な古代の教えでなく、ニューエイジ流に解釈されたものなのです。すなわち、何らかの質を向上させたいと思えば、意識とエネルギーの両面から働きかける必要があるということです。この双方を併用することで、より大きな進化が見込めるのです。

現在の多くの霊性修行における短所は、全体的にエネルギーの世界を無視していることです。これによって人々は成長のための強力な手段を奪われています。そして多くのニューエイジ・ムーブメントの短所は、エネルギーや波動にのみ注目し、意識に適切な働きかけをしていないことです。意識に働きかける基本的な方法は、瞑想です。ニューエイジの人々はあまり瞑想をしないようです。正確には誘導瞑想やビジュアライゼーションなどに分類されるものを、瞑想と称していることが多いのです。私が瞑想というのは、それらとは異なる、ヴィパッサナー瞑想や、マントラ瞑想、呼吸法、そのほか数多くの古典的な瞑想方法のことです。

ＶＥ　瞑想とは人格を沈黙させ、静めるものだから……？

ＩＦ　たいていはそうですが、体を動かしたり、音を出したりする瞑想もあります。どのような方法であれ、身を委ねるプロセスが鍵です。しかし誘導瞑想やビジュアライゼーションのようなプロセスでは、知性と意志が活発に働きすぎてしまいます。私たちの望みは、そこを超えることにあります。単に手放すという意味にとどまらず、より大きな全体の一部として統合する必要があるのです。

ＶＥ　その〝より大きな全体〟というとき、慈悲と愛がそこに一体化されているような意味を持つ英語の言葉はあるでしょうか？

ＩＦ　いいえ、それを的確に表わす英語というのは知りません。あればいいんですけどね。

ＶＥ　つまりこうしたことに関心が低かったので、言葉も発達しなかったのかもしれませんね。

ＩＦ　いい指摘ですね。英語は、さまざまな感情や心の状態を識別することに関しては、かなり未熟な言語です。そのため言葉を使う人たちにとっては、新しい言葉やフレーズを生み出す絶好のチャンスに満ちているとも言えるでしょう。

VE　ベガ人たちが愛と慈悲を統合しているという話に戻りますが、彼らはそこまで高いレベルに進化するために、どんなことをしたのでしょう?

IF　惑星の文明が歩む進化の道のりは、みずからが属する太陽系の太陽ロゴスの影響をきわめて強く受けます。どの太陽系に住む人々も、その太陽ロゴスと呼ばれる霊的存在によって、物質的にも霊的にも進化を導かれているのです。私たちが肉体を通して魂を物質的に具現化するのと同様、太陽ロゴスは、その太陽系の太陽（恒星）を使って物質的具現化を果たしています。太陽ロゴスから放たれる微細《サトル》エネルギーがあり、そのエネルギーの光線構造がその太陽系の進化に特有の影響を与えるのです。

ベガの太陽ロゴスはおもに第二光線のエネルギーとともに、仏教に似た概念の発展を促すエネルギー構成を持っています。言い換えると、ベガ人たちはその太陽ロゴスのエネルギーの影響で仏教と同じような方向に進み、そこに第二光線のエネルギーが加わったことで、私たちが愛と呼ぶ資質をより意識するようになったのです。このように惑星の住人がその太陽から霊的な影響を受けているという見方は、とても重要です。それは地球の太古の時代には広く認識されていたのですが、現代ではこの真実は忘れられてしまいました。そのため、太陽について語る人は原始的な太陽崇拝をしていると思われがちです。

私たちが太陽の霊的な影響について語るとき、それは物質としての太陽ではなく、〝太陽の背後にある太陽〟とでもいうものに言及していることを理解してください。不滅の魂である私たちが肉体を通して物質界に焦点化しているのと同じように、霊的な存在である太陽ロゴスは、物理的な太陽を通して物質界に焦点化されているのです。

VE　つまり、物理的に見えるものの向こう側には、私たちの想像を超えるパワーや慈悲や愛にあふれた、途方もなく膨大な数の存在があるということですね。

IF　そうなんです！　空を見上げて、見えている星々はすべて太陽で、それぞれの太陽の背後に偉大な霊的存在がいるのだと気づくと、非凡な感慨に打たれます。私たちの太陽ロゴスのパワーと展開について言えば、物理的な太陽が物質世界で発しているのと同じくらいのエネルギーを、より高次の霊的世界で放っているのです。ここで話しているのは、そのような展開と霊的な輝きをもった存在についてです。それは人間の頭では想像すら及ばない存在です。

VE　本当に想像を絶しますね。でも直感的に真実だとわかります、心の奥が深く共鳴していますから。

IF　現代において、私たちはふたたび気づき始めています。光のまたたきが炎となって燃え上がり、太陽の重要性を再認識しつつあるのです。

VE　ベガが地球に与えている作用についてですが、なぜこれほど遠くからエネルギーで地球の草木や岩石や水晶に影響を及ぼすことができるのでしょうか。なかでも、彼らは鉱物界に焦点を合わせているようですね。私たちが最も重要視している人間界よりも、鉱物や植物に注目する理由は何でしょう。

ＩＦ　まず、岩石や植物には、目に見える以上のものがあることに気づいてください。岩石や植物のそれぞれがみなエネルギーを放っているのです。そして自然界が発するあらゆるエネルギーは互いに関連し合っています。世界はひとつの生きた曼荼羅《まんだら》だと見なすことができます。どんな植物も動物も鉱物も人間も、その曼荼羅の一部です。植物や鉱物が発するエネルギーは人々に影響を与えますが、より大きな視野で見ると、一つひとつの岩石や植物がすべて地球の進化のための役割を果たしているのです。

地球とともに働く文明の一部であるマスターたちは、それぞれの植物や岩石のグループの進化を早めることで、惑星の進化を加速させるように促すことができます。ときには、ある岩石や植物が彼らの世界に存在するものと似ているために、特定の植物や岩石を扱うこともあります。これはたいてい、それらの岩石や植物の未来に関係しています。つまりそうしたマスターたちは、地球の岩石や植物が進化するために必要なエネルギーを扱うエキスパートなのです。

ＶＥ　ベガに関連して動物や鳥の話が出ないのは、何か理由があるのでしょうか。野生動物あるいは家畜と呼ばれるような動物たちと関係が深い星のグループはありますか？

ＩＦ　たくさんのマスターの集団が、さまざまな動物種にエネルギーを送る手助けをしています。ここでおもに植物や岩石について話しているのは、人類の進化により直接的な影響があるからです。植物や鉱物のマトリックスは、ある種のエネルギー、つまりより広範で多様なエネルギーを保持しやすいのです。動物に逆効果を与えずに送れるエネルギーよりも、岩石がその完全性を損なわずに保持できるエネルギーのほうがはるかに種類は多いのです。それに人類の文明は、そのほとんどが固い地面や岩盤の上にあります。

ＶＥ　そうですね、私たちの物理的な居場所はたいてい土や鉱物を基盤にしています。

ＩＦ　その通りです。地球上の誰もが、鉱物界から何らかの放射の影響を受けているのに対して、動物界からはあまり受けていません。大都市では、人間はペットを除いて動物界からほとんど隔離されていると言えるでしょう。

ＶＥ　鉱物界といえば、水晶は昔も今も伝導体や発振器として用いられてきました。水晶はきわめて強力な生命体であり、コンピューターやテクノロジー機器をはじめ、ヒーリングなどにもプログラミングして活用できることが広く知られていますね。

ＩＦ　結晶構造が発達している鉱物ほど、エネルギーを保持し増幅することができます。しかもマスターたちが特定の場所の岩石にエネルギーを送ると、惑星上でその周囲にある同じ種類の岩石すべてに容易に拡散することができるのです。それは特定の動物に送るエネルギーを同じ種類の動物に広げるよりも簡単なのです。

●慈悲を感じることへの恐れ

VE　この章のはじめに、とても大事なお話がありました。ベガは私たちの恐れを明らかにし、恐れがどのように私たちに作用しているかを理解できるように助け、そのための支援を提供してくれるということでした。このテーマについて、もう少しお聞きしたいと思います。三つの恐れ、すなわち心の痛みへの恐れ、人に慈悲を感じることで自分が弱くなることへの恐れ、そして人を助けるために忙しくて自分の道から逸れてしまうことへの恐れがあげられました。これらの恐れは、『奇跡のコース』*の「愛を選ぶか、恐れを選ぶか」という文脈とはどのように関連しているのでしょう。

IF　私たちに愛か恐れしか選択はないというのは、「愛」を「慈悲」という言葉に置き換えても同じことが言えると思います。恐れは、私たちが進化して霊的な道を歩むことを妨げる最も強い力のひとつです。こうした恐れの多くには、自分自身で気づいているものだけでなく、気がついていないものも含まれます。私たちの課題は、その無意識のうちにある恐れに気づくことです。私たちはさまざまな形の個人的成長を通じて、これに気づくことができます。しばしば古典的な霊的な教えでは、個人的成長やセラピーはエゴを甘やかすこと、人格を甘やかすことだとされ、人格は超越すべきものとしてこれを戒めます。私の視点は逆です。個人の成長と霊的な成長は表裏一体です。霊的な進化がなくても個人的成長の道を進むことはできますし、また、個人的な進化を脇に置いて霊的な成長を遂げることもできます。いずれにしても、無意識のうちに抱いている恐れが自分を制限していることがわかってくるにつれて、個人的にも霊的にも、愛と慈悲の両方で成長することができるようになります。

VE　あなたの言う三つの恐れのうち、痛みや苦しみについてはほとんどの人が自覚し、その恐れを知っているでしょう。ですが、弱さに対する恐れというのは独特な感じです。これについてもう少し話していただけませんか。

IF　私が「弱さへの恐れ」と言うとき、それを体験している人はたいていその恐れをはっきりとは自覚できません。その恐れとは、慈悲を示すことで自分から何かが失われたり奪われたりするのではないかという恐れです。端的な例は時間とお金でしょう。何かに巻き込まれて自分のやりたいことをする時間がなくなってしまうとか、寄付をすると自分のお金が減ってしまうと心配になったりするのです。また、もっと心理的な恐れ、すなわち自分自身が失われてしまうことへの恐怖もあります。自分が外界の何かと一緒に共倒れしてしまうのではないかという恐れです。これは、第三の恐れ、つまり誰かを気にかけすぎて自分の道から外れてしまうという恐れにもつながることがあります。

＊『奇跡のコース』第一巻・第二巻　ヘレン・シャックマン記、ウィリアム・セットフォード＆ケネス・ワプニック編、ナチュラルスピリット刊。

VE　この三つの恐れに対する仏教徒の関わり方と、キリスト教徒の関わり方では、何か違いがありますか。

IF　仏教の道を歩む人も、キリスト教の道を歩む人も、ほとんど同じように人間としての恐怖を持っています。人は普遍的な慈悲を恐れるのと同じ理由で、普遍的な愛を経験することも恐れます。慈しみ深くなること、愛を深めること、そのどちらも「言いなりになることではない」と気づくことが大切です。

人があらゆる存在を慈しみ愛するとき、そこには自分自身も含まれます。それが、普遍的な愛や慈悲と、共依存との違いです。真に自分を愛する人、真に自分を慈しむ人は、みずからを踏みにじるようなことはしません。このような恐怖の多くは、幼少期に親や文化によって育てられた偽りの自己のために、真の自己を犠牲にすることを学んでしまったことが原因なのです。

VE　慈悲と愛は別々のものでなく、むしろ私たちが進化している大きな文脈のなかで、両方を保持することが理想的なのですね。

IF　はい、そうです。仏教にも愛があり、キリスト教にも慈悲があることを認識する必要があります。私たちがより深い現実というのは、エネルギー的な現実のことです。普遍的あるいは神聖な慈悲を経験すると、その人のエネルギー場にある種の変化が起こります。そして普遍的あるいは神聖な愛を経験すると、やはりその人のエネルギー場にある種の変化が起こります。こうした変化はばらばらに起きるのではなく、つながっているのです。重要なのは、このエネルギー的な変化はより大きな全体の一部として、互いに補完し合う関係にあるということです。

VE　このようなエネルギーの現実を言葉で描写する術《すべ》はないのでしょうか？

IF　ないのです。そうした大局的な視野で展開するエネルギーの実態を説明する言葉も伝統も、私たちは持ち合わせていません。仏教では特定の周波数に働きかけ、正確な用語ではありませんが「慈悲の体」とも呼べるものを育む伝統がとても発達しています（仏教徒たちはもっと専門的な言葉を使います）。キリスト教の秘教的な伝統には、「愛の体」とも呼ぶべきものを養う技法はありますが、現代の西洋社会ではその技術は本質的に失われてしまいました。

　慈悲の体の養成は、主流の仏教の一部です。ところが愛の体の養成は、主流のキリスト教にはほとんど見られません。人類が微細身のエネルギー場を完全に進化させるには、愛の体と慈悲の体の両方を統合する必要があり、そのためにはそれぞれの体を発達させることがもっと普及しなければなりません。そうしてはじめて、二つの体の統合に取り組むことが可能になるのです。

　この分野で、ベガ人たちは人類に大きな恩恵を与えてくれるでしょう。時代が進むにつれて、そのための具体的な技法を教えてくれるようになります。けれどもまず私たちがすべきなのは、これらの仏教の技法をもっと広く普及させること、そして、まだ秘儀の世界にしか存在しないキリスト教の技法についても同じように普及させることです。どちらも、もっと広がらなくてはなりません。

VE　さきほど、ベガは西暦一五〇〇年頃までは地球のエネルギー中枢やグリッドに取り組んでいたという話がありました。私の理解では、現在、地球のグリッドは拡大し、シフトし、すっかりアップグレードされています。ベガ人たちがそれに関わらなくなっているとしたら、今は誰がそれをしているのですか。

IF　現在、ベガが以前ほど目立った動きをしていないと言ったのは、今も役割を続けているという意味です。ただ、今はほかのグループの関与が強くなっています。特に顕著なのはプレアデスのグループで、その重要性はニューエイジでも注目されています。これは、地球のグリッドのエネルギー構造が、時間の経過とともにシフトしてきたことと関係しています。西暦一五〇〇年頃にベガの活動が以前ほど活発でなくなったのは、あらかじめ決まっていたわけではなく、ちょうど彼らの当面の目的が達成できたからだったようです。

VE　仕事にはチームがあり、そのときどきに一番ふさわしいチームが自分たちのコミットメントを遂行するという感じなのでしょうか。

IF　まさにその通りです。人類は、自分たちが思っているよりもはるかに大きなネットワークの一部なのです。私たちは一般に考えられている以上にさまざまな源から助けられており、ある瞬間にどこから手が差し延べられているかは、何千年も前から存在する計画の結果でもあり、そしてその瞬間に起こることの成り行きの結果でもあるのです。この本のテーマは地球外からもたらされたものですが、地球のグリッドの変化のほとんどは、私たちの惑星の霊的階層からもたらされていることを伝えておきたいと思います。
ＶＥ　私たちの体や感情における恐怖の反応は、みぞおちのチャクラにとても深い影響を与えますが、どうすればその恐怖の反応を一掃することができるでしょうか。ベガからのエネルギーが恐怖を解放するのに役立っているかどうか、見分ける方法はありますか？
ＩＦ　それぞれの星のイニシエーションの効果は別として、恐れを解放する最善の方法はシャクティという知的な霊的エネルギーとともに働きかけることです。例えば私たちのＳＵＮではドリサナやフナなどの体系を教えていますし、ほかのグループもさまざまな体系を提供しています。
　どんなものでも実際にその有益性を決めるのは、自分が実生活のなかで見た効果です。イエスは「木はその実で判断せよ」と言いました。私はイニシエーションを行う人たちに、自分の人生に起きた変化を記録しておくことを勧めています。そうすると、スムーズに新たな存在レベルに馴染みやすいからです。よくあることですが、慢性的な痛みが治まった人でさえ、その痛みがいつ消えたのか覚えていないことが多いのです。
ＶＥ　私たちは恐怖の影響としてみぞおちのチャクラに注目しがちですが、じつは恐怖というのは、想起しただけで即座に全身に浸透してしまうことを知っておくべきでしょう。

IF　そうですね。それが、シャクティに取り組むことがとても有効である理由のひとつです。人間には先入観があるので、「私は恐れているから、みぞおちのチャクラを浄化しなければ」と頭で考え、より重要なほかの領域を無視しがちです。でもシャクティは先入観なしにエネルギー場に入り込み、必要なところに働きかけるのです。

VE　この章のはじめに、みぞおちのチャクラから慈悲への恐れを解放するワークが紹介されていますが、これにはあらかじめ内側を浄化する必要があるでしょうか？

IF　自分に変わろうとする意志があれば、必要ありません。このワークも本書のほかのイニシエーションも、待つ必要はないのです。また、どの星のイニシエーション（および幻惑を取り払う予備イニシエーション）でも、イニシエーションを受けたあとで自分自身に働きかけると、パワーを増幅させることができます。ベガのイニシエーションでは、みずから浄化に取り組めばよりいっそう効果が高まるでしょう。この章の冒頭で紹介したワークは、ベガのイニシエーションをより簡単に深く統合するために役立ちます。このイニシエーションの周波数は、特にビジュアライゼーションにはよく反応するからです。

VE　慈悲への恐れを浄化するこのワークはとても助けになると思いますが、どれくらいの頻度で行えばいいのでしょう。

IF　特に決まったルールはありません。このワークは、実際にその恐怖を体験している最中に行うべきものです。そのため、どのくらいの頻度で行うかは、慈悲の体験を恐れている頻度によると言えるでしょう。

ＶＥ　すると恐れを感じたら、そのたびこのワークを思い出して行い、それまではあまり気にしなくてもいいということでしょうか？

ＩＦ　簡単に言えば、やりすぎは禁物なのです。でも望むだけ何度やってもかまいません。

ＶＥ　この章を読んで、このイニシエーション体験をより深く、より持続的に有意義なものにしたいと思えば、さらなる宿題に気づくことも大切ですね。

ＩＦ　はい。全般的に、それぞれのイニシエーションで浸透する資質を自分でも意識的に育もうとすればするほど、さらなる進化が見込めます。エネルギーの働きがあまりにパワフルで変幻自在なため、人は自分がなすべき役割を見失ってしまうこともあります。しかし慈悲の心を育むには、例えば自分が誰かや何かに判断を下しているとき、それに気づくこともたいへん有効です。判断や批判は私たちを互いに離反させ、慈悲と反対のほうへ向かわせます。慈悲は私たちを一つにし、互いに結びつけます。

ＶＥ　私たちは、これまで信じてきた哲学や宗教的観念や教えがどんなものであれ、今こそ愛と慈悲の両方を使うときが来ていることに気づくべきですね。こうしたエネルギーが流れ出る広大な生命の源に、皆が触れられるようになることを願っています。

IF　あらゆる秘教的な伝統において、エネルギーワークを通じて霊的な資質を高め、統合に至るという理解が見られます。ところが悲しいことに、欧米で主流になっている宗教ではこの点の理解が乏しいのです。エネルギーワークで到達できる個人的で霊的な変容というのは、ほんとうに並外れています。事実、エネルギーワークの専門家たちでさえ、実際にどれだけのことが可能なのか、その最大限を知らない人がほとんどです。というのも、大半の人が触れてきたのは最も強力なエネルギーではなく、最もアクセスしやすいエネルギーだからです。

VE　少し戻りますが、なぜベガ人たちが地球のグリッドにある種のエネルギーを注ぎ込むのか、特に地球のハート・チャクラに働きかけるのかに関して、何かコメントはありますか?

IF　人類の進化と、地球のグリッドの進化の相補的な関係を、もういちど強調しておきたいと思います。ベガやそのほかのグループが、ある種のエネルギーを地球のグリッド、特に地球のハート・チャクラに注ぐことによって、人類のハートの進化が促されます。それは私たちがもっと普遍的な愛と普遍的な慈悲に触れられるようにし、私たちの微細身が今の状態を超えたところへと進化していくのを助けてくれるでしょう。私たちがさらなる愛と慈悲を育めば、もっと地球を大切にし、地球のエネルギーシステムの発展を助けることにもなります。究極的には人々の小さなグループがたくさんできて、それらが次第に大きくなって一つにつながり、霊的な導きのもとで、意識的にある種のエネルギーを地球のグリッドとハート・チャクラに注ぐことになるでしょう。

ＶＥ　エネルギーに関して、人はその祝福の受け取り手であるだけでなく、送り手にもなれるというのは素晴らしいことですね。この祝福は、一瞬のアイコンタクトや触れ合い、またもちろん実際に人々が意識を合わせて集まることでも伝わるでしょう。その集まりが純粋に個人を超えて、より大きな集合意識になると、地球を含むすべての生命にさらなる力を吹き込み……そうして人類は進化のスパイラルを歩んでいくのですね。

ＩＦ　私も本当にそう思います。この本を読んでいる人、イニシエーションを受けた人は、進化のプロセスにパイオニアとして大きな役割を演じる機会があります。それらのエネルギーを受け取った人は、自分自身の進化を促すのはもちろん、人々や地球とただ一緒にいるだけでこの進化のスパイラルを促すような周波数を放つでしょう。

＊＊＊

次のイニシエーションまでは少なくとも一週間以上あけることを忘れないでください。

第9章

ベテルギウス✦魂の気づきを広げるイニシエーション

このイニシエーションを受けるには、二つの予備イニシエーション「微細身を強化するアチューメント」と「幻惑を取り払うイニシエーション」を完了している必要があります。このベテルギウスからのイニシエーションは、ほかと同じく、ただ求めるだけで受け取ることができます。イニシエーションの所要時間は一時間十五分です。受ける前に本章を読んでおくことをお勧めします。進め方は112〜113ページを参照してください。

………アーヴィンによる解説

ベテルギウスのイニシエーションの目的は、魂の気づきを広げることです。プレアデスとベガのイニシエーションで、このイニシエーションへの道は整っています。プレアデスのイニシエーションでハート・チャクラが開くと、愛の流入が容易になります。そしてベガのイニシエーションにおける慈悲の流入は、魂の目覚めを促します。なぜなら、慈悲の真の源は魂だからです。魂は言葉で定義することはできませんが、体験することはできます。魂には三つの重要な側面があります。それは、意志、愛、高次の心《ハイヤーマインド》です。プレアデスのイニシエーションが人格レベルで作用するのに対し、このイニシエーションは魂の愛の側面に作用します。

このベテルギウスのイニシエーションを受けているときや、その後数週間くらい、一時的に自分の体が溶けて純粋な愛になるように感じる人もいるでしょう。また、一時的に空中に引き上げられたり、地に足がついていないような感覚になる人もいるでしょう。そのような感覚があったとしても恐れる必要はありません。それは正常なことであり、イニシエーションのプロセスで魂のエネルギーが統合されるとともに、体の感覚や地に足のついた感覚が戻ってきます。魂の覚醒において量子的な飛躍をするためには、一時的に地に足がついていないような段階を経ることもじつは必要なのです。

ベテルギウスのマスターたちはこう教えています。

「自分が誰なのかを知りなさい。あなたは〝魂と肉体の結婚〟なのです。魂がなければ肉体は命のない土くれであり、肉体がなければ魂は根なしの花です。魂は神聖なる動きであり、魂は動く神です。動きのあるところに魂は宿ります。魂は動きであり、肉体は動くものです」

体と魂の合一についての聖なる教えはすべての惑星にもたらされています。そしてそのすべての惑星で、この教えに対する抵抗が起こっています。体だけでありたいと望むものと、魂だけでありたいと望むもの、双方の陣営から抵抗があるのです。

魂の目覚めは、一度にではなく段階的にやってきます。魂の意識が高まるたびに、その新たな段階で人格に魂のエネルギーが強く注入されます。人はその段階で、自分は魂のみの存在であると勘違いしてしまいがちです。この段階で行き詰まってしまう人もいます。しかしさらに次の段階になると、魂のエネルギーが体に統合されます。このようにして霊的な側面と体の側面に交互に重点が移ることは、すべての存在において同様なのです。これは濃密な肉体よりもずっと微細な、すでに光の体である存在にも起こることです。多くの霊的な教えで魂が強調されているのは、ほとんどの人が自分をあまりにも物質的な姿形に同一化しすぎているため、魂の同化の段階へと移行する必要があるからです。

私が魂と体という焦点の周期的な入れ替わりに言及する理由は、この本で提供するイニシエーションには、これから長い年月にわたる何サイクルものシーソーのようなプロセスを通じて、あなたを導く力があるからです。この本のイニシエーションも、一般的なイニシエーションも、形の世界からのロマンチックな逃避ではなく、むしろ形の世界でより大きく貢献するための手段であるという認識が大事です。私の師であるDKは、アリス・ベイリーを通じて語った『光線とイニシエーション』という著作のなかで、イニシエーションについて「これまで取り組み、生きてきた世界を去る必要はありません」と弟子に語っています。

このイニシエーションをもたらすのは、ベテルギウスからのマスターたちです。ベテルギウスは地球から約五四〇光年の距離にある、オレンジ色に輝く赤色超巨星です。ベテルギウスは全天で観測できる最も大きな星のひとつに数えられます。「オリオン座」でひときわ明るい光を放ち、夜空全体での明るさは十一番目前後です。体積は太陽の一億六千万倍以上とされていますが、そのわりに質量は太陽の二〇倍程度と、かなり軽いのが特徴的です。

今日、オリオンは人類が知る最も明るい星座であり、古代から魂の覚醒と関連づけられてきました。例えば古代エジプトでは、オシリス神の姿と結びつけられていました。「オリオン座」の星のエネルギーどうしは特にお互いをよく補い合います。次章のイニシエーションでは、同じくオリオン座の星であるリゲルからのエネルギーを扱います。オリオン座グループの星のマスターたちはみな〝人格と魂の融合〟のプロセス全体のエキスパートですが、それぞれに得意分野があります。

ベテルギウスのマスターは、人々が魂の愛を体験するように助け、魂と肉体の統合を促し、さらに大量の魂のエネルギーの流入に伴う恐怖を解放することを支援するエキスパートです。また人格と魂の融合への働きかけだけでなく、彼らは形而上学的な水の要素と感情への働きかけにも優れています。ベテルギウスからのエネルギーは、人格と魂の融合の過程で生じる〝エゴの死〟

への恐怖など、第一チャクラ（ベース・チャクラ）の恐れの感情を解放するのにとりわけ有効です。地球のグリッドのうち、ベテルギウスのマスターたちが最も関与しているのは地球の海面下の水域です。たいていの人は地球のグリッドというと陸地をイメージしますが、地表の大部分は海水で覆われています。ベテルギウスのマスターたちのおもな仕事はこれからで、それは地球上でもっと多くの人々が魂と人格の融合を果たした時期になるでしょう。

……ヴァージニアとアーヴィンの対話

VE　魂についての見解をお聞かせください。そして、どのように魂の意識を広げることができるのでしょう。

IF　魂というものを言葉で正確に伝えることはできないと私は思っています。なぜなら、それを理解するには魂を体験しなければならないからです。あえて魂を定義するなら、「魂は物質でもスピリットでもなく、二つのあいだを取り持つもの」という古典的な言説が近いでしょう。この言葉は古代から現在まで多くの文献に見られます。現代においては、心理学者ジェイムズ・ヒルマンの著作や、アリス・ベイリーを通じて著されたDKの教えにも見ることができます。

魂については多くの誤解があります。あまりにも多くの誤解があるので、私は人々とのワークを通じて、魂とは何かを伝える前に、魂に関する誤解を解くほうが先決だと感じています。そうした誤解の多くは、魂がスピリットと物質の媒介者であることを理解していないために起こっているのです。ほとんどの人は、魂をスピリットのように見なしすぎているか、あるいは魂を物質か人格のように見なしすぎているか、そのどちらかです。

魂には死ぬまで出会えないとか、魂は日常生活とは関係ないと思っていると、魂をスピリットのようなものだと考えてしまうでしょう。真実を言えば、魂とは生きた現実であり、私たちがこの地上で体験するものです。それゆえ魂は、私たちの日常に深い喜び、生き生きした感覚、愛を運んできます。ほとんどの人はこうしたことを部分的に体験しているはずですが、その全面的な体験は、自分を開くことや瞑想やエネルギーワークなどを通じてもたらされます。

また、魂に自分の否定的な感情を投影し、魂が選択を間違えたとか神に離反しているなどと言うとき、それは魂を人格と同じように見なしすぎているのです。真実を言えば、魂は神と深く一体化しており、完全に純粋で、学ぶべき道徳的教訓はありません。このような誤解を看破することがどうしてそれほど重要なのかというと、これらの誤解によって結果的に体験するのは、魂についての自分の想念パターンにすぎず、魂そのものを体験することにはならないからです。

ＶＥ　魂の三つの側面（意志、愛、高次の心）のうち、私たちが最も体験しやすいのは魂の愛でしょう。このベテルギウスのイニシエーションは、おもに魂の愛の側面に働きかけるとのことですが、あとの二つ、意志と高次の心についてはどうなのでしょうか。

ＩＦ　この本の七つのイニシエーションは、すべてが一緒になってキリスト意識のあらゆる側面を啓発します。ですからそこには意志と高次の心も含まれています。このベテルギウスのイニシエーションは、おもに魂の愛の側面に焦点を当てます。なぜなら、ほとんどの人にとってそれが最も自分の魂の影響を体験できるからです。つまり意志や高次の心よりも、愛と慈悲を通してのほうがずっと魂につながりやすいのです。人々が最も魂を感じる瞬間というのは、何か大いなるもの、日常を超越したものに触れたと感じるときで、それはたいてい愛によってもたらされることが多いのです。

その次に人が魂を感じやすいのは、神聖な美を感じるときでしょう。少し例をあげてみましょう。私たちの人生には、自分の個人的な人格を超えて、はるかに大きなものからやってくる圧倒的な愛を感じる瞬間があります。なかには、明らかにこれは自分個人から来たものではないとわかる場合もあります。いきなり途方もなく大きな愛が押し寄せてきたり、いつもなら否定的な感情を抱くような場面で、急に愛があふれ出したりするのです。相手に怒りを感じている最中に、突然どこからともなく人間としての絆を感じることもあるでしょう。そのとき、私たちは相手に慈しみや愛を感じています。その感覚は、私たちの通常の人格だけから来ているのではないことは明らかです。

そのほかにも、私たちは美しい夕陽を見たり、木や花を眺めたり、自然のなかで美に感動することがあります。音楽を聞いて深い感銘に打たれることもあるでしょう。こうした体験は単なる喜びや審美的な楽しみにとどまらず、美しい夕陽や音楽の向こうにある、より大きな何かに気づかせてくれます。そんなとき私たちは、並外れて美しく意味深い、自分という人格をはるかに超えた非凡なるものを感じるという、とても深い体験をします。このような自然の美しさや芸術的な美しさは魂の追憶なのです。

●魂と人格の融合

ＶＥ　魂の愛、意志、高次の心は、私たちの日常生活にはどんなふうに現れるのでしょう。

ＩＦ　愛、意志、高次の心は、それぞれ区別はありますが相互に関連し合っている魂の側面です。人によって発達している側面は異なります。高次の心には敏感でも、愛を感じにくいという人もいます。高次の心と低次の心を見分ける必要があります。低次の心は理論好きで、結論に達するためにデータを使って考えたり類推したりします。高次の心は、ただ知ることによって知るのです。高次の心を体験しているときには宇宙とつながっています。これは「宇宙心」という言葉で表現されることもあります。

さっきも言ったように、頭ではその法則を理解していても、実際にはそれほど愛と慈悲を実感していない人々もいるのです。そのように、ある面は発達しているのに、別の面は未発達ということがあり得ます。それでも、あるひとつの面を正直に充分に追求していれば、結果としてほかの側面も発達させることにつながるでしょう。たいていの人は、魂の愛の側面に触れることで、おのずとほかの面も発達してくるようです。

例えば、愛が養われるとともに意志も育っていくように導かれるのです。神の意志に委ねるという概念は、多くの西洋人にとってかなり不快さを伴うものでしょう。もし霊的な道をひとことで要約するとしたら、「降伏」という言葉になります。私の友人がこんな冗談を言いました。「赤信号は停止、青信号は進め、白信号は降伏」。ところが西洋では、降伏というと、服従や隷属を連想してしまいやすいのです。西洋文明において神のイメージはひどく歪曲されており、天上から私たちのすることなすことすべてを監視している厳格な老人のように神をイメージしている人が多いのです。他方、東洋では伝統的に神の内在的な面が強調されており、それは私たち自身の存在の内にある最も深い部分とされます。

あなたという人格が、権威に関する問題（成長過程で経験した親との軋轢を含め）を神に投影している限り、あなたは降伏に抵抗するでしょう。その抵抗が外れるのは、自分は外部の権威や規則に降伏するのではなくて、自分自身の最も深奥なる自己、すなわち神の意志に委ねることができる自己自身に降伏するのだと気づいた時だけです。逆説的ですが、明け渡すことによって、私たちは解放されて真の自己になるのです。事実、私たちが真の自己になれるのは明け渡しを通じてのみなのです。

ＶＥ　私たちは心理的に、降伏とは、戦争や闘いや対立に敗北した結果だという考えにとりつかれているようです。それはなにかしら貶《おとし》められたり、打ち負かされたりすることを意味します。自分も他人もそれを「敗者」と呼びます。ですから私はいつも模索しているのです……この降伏のプロセスとは自分の広大さに出会うためのもので、何も失われるものはないということを、どうすれば伝えられるだろうかと。失われるのは自分自身で閉ざしていたものだけで、それは放蕩息子の帰還のようなものですよね。降伏とは、失うことではなく、人格を進化させるために豊かになることではないでしょうか。

ＩＦ　その通りです……愛を体験することが高次の心にどうつながるのか、私の考えを簡単にお話しします。神がつねに感じ、放っている、すべてを包み込む美しい愛、無限の愛を体験すると、私たちは神の意志を体験しやすくなります。ただし、もちろんこれは一般論で、すべてとは言いません。神の愛よりも神の意志のほうが体験しやすい人もいます。

ＶＥ　ちょっと話は逸れますが、『奇跡のコース』では意志が重視されています。そこでは意志の協力、すなわち自由意志を自分自身への贈り物として使うことで、スピリットと結びつく助けになると言われています。

IF　そうですね、確かに意志に関するその見解に同感です。実際、ベテルギウスのイニシエーションのエネルギーによって、魂への降伏は容易になるでしょう。

VE　私たちは〝魂と肉体の結婚〟であり、魂がなければ肉体は命のない土くれで、肉体がなければ魂は根のない花である、というベテルギウスのマスターたちの言葉が好きです。それなのに、どうして私たち人間は、魂と肉体が結婚しないままで生きているのでしょう。

IF　魂が人格の不完全さで覆い隠されてしまっているからです。魂が完全に純粋であり、神と一体であるという理解はとても重要です。このことは偉大な神秘の教えにおいて、繰り返し何度も何度も述べられてきました。カバラには、魂の清らかさを神に感謝する有名な祈りがあります。ヒンドゥー教の聖典体系であるウパニシャッドにも、魂は純粋であることがはっきりと述べられています。

現代の西洋では、こうした教えは損なわれてしまいました。人々は、魂が間違った選択をしたとか、魂が神から離れているなどと言うようになりました。そんなことはあり得ないと気づく必要があります。魂は、つねに神の意志と完全に一致しています。神に背く間違った決断をするのは魂ではなく、人格なのです。昔から、東洋にも西洋にもこんな美しい喩えがあります。人間はランプのようなもので、そのガラスが汚れて曇っていると内側の純粋な光が覆い隠されてしまうと。ガラスの曇りは、人格の不完全さ、不純物、ゆがみを表わしています。私たちの仕事はガラスを磨き、曇りを取り除くことです。そうすれば、いつもそこにあった光が輝き始めます。
私たちが「悪」と呼ぶものは、魂の純粋で無垢な性質に対する人格の干渉です。悪とはすなわち、善の不在です。高次元の視点から見ると、悪とは〝善の未到着〟なのです。物理学で言えば、光の粒子であるフォトンは存在しますが、暗黒の粒子というのは存在しません。部屋が暗いのは、〝暗黒〟が放射されているからではなく、〝光がない〟からです。
ＶＥ　その通りですね。このイニシエーションが人体にどんな影響を及ぼすのか教えてください。エネルギーはハート・チャクラに入るのですか、それともオーラ全体に入るのですか？
ＩＦ　根底的なエネルギーの力学という意味では、このイニシエーションはすべてのチャクラに作用します。ただし最も愛の体験に直接つながっているのはハート・チャクラですから、そこに焦点があることも事実です。
ＶＥ　一時的に肉体が溶けて純粋な愛になってしまうように感じられても、その感覚に怯えることなく、これが普通だと思えばいいのですね。地に足がついていないとか、高い周波数に引き込まれそうな気がしても心配しなくていいのでしょうか。
ＩＦ　はい。それは過ぎ去ります。いずれも魂に大量のエネルギーが流入したときに起こる正常なプロセスです。つねに純粋な愛に溶けるような感覚があるとは限りませんが、高次元に適応するために、一時的に地に足がついていないとか、日常世界とのつながりが薄くなるように感じたりするのです。もちろん、エネルギーが統合されれば、その愛は生活のなかで自然に表現されるようになります。絵画で言うなら、愛は人生という筆で描かれるべきなのです。

VE　イニシエーションを通過するなかで、何かしらカウンセリングやサポートが必要になる人もいるかもしれませんね。

IF　そういうこともあり得ます。これらのイニシエーションでは、かなり尋常でない体験をする可能性もあることを理解しておいてほしいと思います。エネルギーが人格の防衛メカニズムを不安定にし、不快なものとして体験される場合もあります。ただし、そうした体験はずっと続くものではありません。

VE　もちろん私たちは医者ではなく、医学的なアドバイスができるわけでもありませんから、イニシエーションを受ける人は、みずから呼び入れるエネルギーとその体験に責任を持つ必要があるでしょう。

IF　はい。たまたま何らかの健康問題を抱えていて、それがちょうどイニシエーションを受けているときに顕在化するという可能性もあり得ます。イニシエーションそのものが健康問題の原因になることはありませんが、それでもイニシエーションを受けているときに何か健康上の問題が生じた場合は、イニシエーションを受けていない場合と同じように対応し、医師や医療従事者に相談する必要があります。

VE　魂の目覚めは一度に起こるのではなく、段階的に進むため、霊的な統合の途上ではときに普通でない感覚を体験することもあると知っていたほうがいいですね。

IF　確かにそうです。エネルギー的な観点で見ると、こうしたイニシエーションによって人の周波数が上がります。そのエネルギーが落ち着き、エーテル体、感情体、メンタル体に統合されるまでにある程度の時間がかかるのです。

VE　それはどうやって自分でわかるのでしょうか。

IF　エネルギーの違いによってわかります。あなたの日常生活のエネルギーが変わるのです。特に変わるのは、仲間の人々に愛と慈悲を感じて表現するようになることです。新約聖書の『ヨハネの手紙一』にこんな素晴らしい一節があります。「自分は光の中にいると言いながら兄弟を憎む者は、いまだ暗闇の中にいる」と。兄弟を愛する人は、光の中にいるのです……

　肝心なのは、つねに日常生活に戻ってくることです。現実の構造を理解するための形而上学的、抽象的な概念はたくさんあります。しかし、それらの概念を身につければ自動的により良い人間になるわけではありません。

VE　仏教の文献では、人間だけでなく地球上すべての生命あるものに気づき、奉仕することが重んじられています。それは自分自身への慈悲とどう結びつくのでしょうか？

IF　たぶんそれを語るのに最もふさわしいのは、私たちがすべての生命に普遍的な慈悲の心を持つとき、そこに自分自身も含まれるということです。自己への愛と関心がそこには入っているのです。あらゆるものに慈悲深いということは、人々に踏みにじられたり利用されるという意味ではないのです。この点で、仏教の信奉者のなかには、普遍的な慈悲と共依存の区別を学んでいないために抜き差しならない状態になっている人もいます。慈悲は共依存ではありません。私たちが本当に普遍的な慈悲を体験しているときには、おのずと自分をも慈しみます。それは人の言いなりになることではないのです。

VE　とはいえ、そこまで人々に愛と慈悲を示すことを大切にしながら、どうやって自分の物質的な現実での必要を満たせばいいのでしょう。

IF　いい質問です。私が指摘しておきたいのは、偉大な霊的指導者になった人々（仏陀やイエス・キリストのように私たちが見習うべき先覚者たち）は、みずからの全人生を奉仕にささげた人たちだということです。このような人々は私たちの模範ですが、彼らの人生は決して人間として典型的なありふれたものではなかったことを認識しなければなりません。そもそも、私たちが彼らを知り、見習おうとするのは、彼らがある連続体の極限に位置しているからです。ですから彼らを追いかけようとすれば、自分の個人的な必要性は見失われがちでしょう。もちろんそれは、ある程度は主観的なものです。でも人のために尽くすことと、自分の面倒を見ることの境界はどこにありますか？　もし誰かを愛することが自分を傷つけているとしたら、それは立ち止まって、自分のしていることを真剣に見つめるべき時なのです。

VE　私たちは、霊的な星のマスターからエネルギーを受け取ることで一〇〇パーセント奉仕に徹する完璧な存在になるよう奨励しているわけではないことを、読者の皆さんにも理解してほしいと思います。私たちの意図は、このイニシエーションによって、それぞれの人が自分のペースで、みずからの神聖な性質をできるだけ完全に表現できるように支援することです。

IF　まったく同感です。世界を救うために外へ出て行って、周囲に良き影響をもたらす良き人にならなければならない、ということはないのです。『小さな親切の花束*』という素晴らしい本がありますが、そこには、例えばあとから来る人のために橋の通行料を払うといった、自分の多くのエネルギーや時間を費したり犠牲にしたりしなくてもできる、とても素敵な小さなことがたくさん載っています。

VE　オリオン座の話に戻りますが、オシリスという言葉が出てきたので古代エジプトについてお聞きします。前にトム・ケニオンとともに出した『ハトホルの書』という本に、ある文明全体が愛と音の周波数を使って肉体から高次元の意識存在に次元上昇したという話がありました。このハトホルたちはエジプトの神々や女神と見なされており、古代エジプトやチベットに多大な影響を与えましたが、彼らの現在のメッセージは明らかにキリスト意識と関係しています。これについてどう思いますか？

＊『小さな親切の花束　心一つでできること』ウィル・グレノン著、サンマーク出版、二〇〇〇年刊。

IF　一般的にその名前ではあまり知られていませんが、古代エジプトの神秘学派はキリスト意識の啓発に取り組んでいたのです。この地球上で、イエスはキリスト意識の最も優れた模範でしたが、キリスト意識は地球で誕生したものではありません。例えば、本書のあとの章でもキリスト意識とシリウスの関係について話します。シリウスとオリオン座の星々は、古代エジプト人が関わった最も重要な二つの星系です。DKはアリス・ベイリーの著書で、キリストとシリウスの関係の重要性についてとても明確に語っています。古代エジプト人は、これらの星系から来たマスターたちに導かれて、キリスト意識を育むためのエネルギー・イニシエーションを見事なまでに発展させたのです。

『スターゲイト』という映画を見た人もいるでしょう。ポータルをくぐって、文字通り物理的に別の星系に行くというものです。これはSF作品ですが、実際には古代エジプト人たちは魂の乗り物と呼ばれるもので旅をしていました。自分の魂の乗り物を、シリウスやオリオンの星にある神殿に投影し、そこにいるマスターたちからイニシエーションを受けたのです。それから魂の乗り物が個人のオーラ空間に戻ると、イニシエーションのエネルギーが時間をかけてゆっくりと放出され、安全に吸収されました。そのようにして、ほかの方法では不可能なイニシエーションの力を受け取ることができたのです。

私は今日、この最初のイニシエーションを担当した地球外のマスターたちから、これらのイニシエーションを受け取る人々のためにエジプトの神秘学派を再建するよう導かれています。その究極の目標は、「キリスト意識」と呼ばれる意識状態の実現です。ただし、繰り返しますが、キリスト意識は地球で生まれたものではなく、地球上のどんな文明といえどもこれを独占しているわけではありません。キリスト意識は、古代の中近東だけでなく、ケルトやマヤでも扱われていたのです。

VE　グループが関係していたのですか？

IF　はい。エジプトなど古代の神秘学派で行われていたイニシエーションの多くは、もっぱらグループでなされました。イニシエーションとは本質的に集団的プロセスなのです。低次元から見ると最初はわからず、個人レベルのみで関わっているように見えるかもしれません。ですが高次元の視点から見れば、魂レベルで私たちはすでに相互につながっており、私たちが行うのはそのつながりを具現化し、低次元界へともたらすことなのです。

●魂は人格を超えた、はるかに広大な存在

VE　なるほど。では、ベテルギウスの霊的マスターたちの専門分野であるエネルギーについてお聞きしたいと思います。そのエネルギーは、魂の愛の体験を妨げている恐れを解放するように促すということですね。

ーF　魂のエネルギーが大量に流入したとき、人はたいてい不安を感じるものです。まず、恐れと不安の区別について説明しましょう。私が「恐れ」というのは、具体的な既知のものと関係しており、例えば熊が襲ってくるかもしれないというような恐怖です。また、「不安」は漠然と漂っているものです。例えば歩いているとき、何の脈絡もなく急に不安にかられるかもしれません。最も多いパターンは、なぜか不安に襲われて緊張が高まり、その理由がよくわからないというものです。このとき、人格はその不安を説明するための具体的な理由を求め、家に強盗が押し入ってくるのでは、あるいは飛行機事故で自分は死んでしまうのではないか、などと考え始めます。この恐怖の本当の原因は、エゴが破壊されるように感じていることなのです。

エゴ（自我）というのはよく誤解される言葉なので、ちょっと説明しておきましょう。私がエゴというとき、それは「あの人はエゴが強くて傲慢だ」というような意味ではありません。これは精神力学的な構造を示す用語で、自分が自分をどう認識し、何と同一化しているかということです。すなわち、自分がいい人であるとか、アメリカ人である、親であるなど、自分を同一化させている部分であり、そのアイデンティティ自身が生命を帯びているのです。

もっと具体的な例をあげましょう。あなたはある映画を見ているうちに夢中になって、その主人公を自分と同一視しているとします。すると映画のなかで誰かが主人公に銃を向けた瞬間、あなたは恐怖を感じます。その恐怖をよく見てみると、それは自分が消されてしまうという恐怖だとわかります。面白いのは、それが映画だとわかっていても恐怖を実感してしまうことでしょう。あなたが恐怖を感じるのは、あなたのエゴが主人公のキャラクターと同一化しているからです。エゴの基本的な機能は〝同一化〟なのです。

現実の生活のなかでも、映画と同じように、あなたのエゴはあなたという特定の人格や肉体と同一化しています。しかしより高い視点から見た真実とは、あなたはあなたが自分だと思い込んでいる名前のついた、肉と骨の袋ではありません。あなたは映画に登場する人格以上の存在なのです。何度も言うように、あなたは〝具現化した魂〟です。魂という言葉に注目してください。それは単なる人格を超えた、はるかに広大な存在です。ですから、魂のエネルギーが大量に入り始めると、エゴは自分が破壊されるかのように感じてしまうのです。

VE　……それがベース・チャクラで起こるのですね。

IF　確かにベース・チャクラでは、最も基本的な生存に関わるすべての恐怖が体験されます。その恐怖には存在としての自分自身の生存がかかっているのです。しかしながら、みぞおちのチャクラのような別の部分でもこれを体験することがあります。実際には、すべてのエネルギー中枢、すべての微細身《サトルボディ》が関わっています。ベース・チャクラに言及したのは、ベテルギウスのエネルギーが特にこのチャクラの恐怖を解放することに長けているからです。

ここで大切なのは、エゴが本当に死ぬわけではないということです。この点については多くの誤解があります。よく〝エゴの死〟という言葉が使われます。けれどもエゴは、こうした霊的進化のプロセスのあともまだ存在します。クリシュナムルティも言ったように、「バスに乗るためにはエゴが必要」なのです。あなたが物質世界で独立した機能を持つ人間である限り、エゴは必要です。もしもあなたが宇宙に存在するあらゆるものに同一化しているとしたら、バスに乗り遅れるどころか、バスに轢かれてしまうかもしれません。つまりエゴは実際には消えたり死んだりするわけではなく、変容していくのです。

変容があまりに急激だと、エゴにとっては本当に死んでしまうように感じられるでしょう。あなたが本気で霊的成長を追求していけば、いずれあなたのエゴは試練にさらされることになります。それは確かに不快さを伴うでしょう。これが、成長には痛みや苦しみは必要ないとするニューエイジ文化の一部と、正当な神秘的伝統の大きな違いでもあります。

VE　ベテルギウスのマスターたちの得意分野ですね。彼らはこうした硬直状態、特にベース・チャクラそのほかの恐怖を解消するのを助けると同時に、水の要素《エレメント》や感情への働きかけにも長けているということですが、その形而上学的な意味や心理学的影響について、もう少し話してもらえますか。

IF　まず、感情は「水」の要素と最も密接につながっています。もちろん、マスターであれば誰でもすべての要素に働きかけることはできますが、ベテルギウスからのマスターたちはとりわけ水の要素の波動を高め、ポジティブな感情をより自由に流すことに秀でているのです。さっきも言ったように、悟ったり覚醒したりしてもエゴや人格が消えてなくなるわけではありません。ですから、どんな悟りを開いたマスターでも、何らかの特性や傾向を持った人格をそなえています。すべてのマスターは多様なエネルギーを扱うことができ、この本のどのイニシエーションも行えるのですが、彼らもあらゆる生きものと同じように、みずからの光線構造に従って体系化されたある一定の好みを持っているのです。

VE　ベテルギウスのマスターたちは、地球のグリッドを使って物質としての水に影響を与えているのでしょうか。

IF　私が地球のグリッドというとき、それはたいてい地球を取り囲んで外側に広がっている、微細《サトル》エネルギーのネットワークのことを指します。地球のグリッドという言葉を聞くと、固い陸地をイメージしがちですが、地球の大部分は海に覆われていることを思い出してください。グリッドの水面下の部分もきわめて重要で、ベテルギウスのマスターたちはそこに取り組んでいるのです。その結果、海の水はより構造化され、液晶のように組織化されるのです。

ご承知のように、構造化された水晶は多くの情報とエネルギーを蓄えることができます。地球の海のエネルギー保持力が高まれば、地球を支援しているすべてのマスターは地球と人類の進化のためにもっと海を活用できることになるのです。海水と細胞の水は共鳴するので、海水のポジティブな変化は私たちの細胞水の構造を変化させ、より多くの情報とエネルギーを保持できるようにするでしょう。

生きている細胞の水は、蛇口から出てくる水とはおのずと異なり、より構造化されています。ベテルギウスのマスターたちが海洋で行っているのは、生体組織における水の自然な性質を強化することです。海洋の微細エネルギーの構造、ひいては水の物理的性質に作用することで、私たちが共鳴できる情報やエネルギーはより多く保持されます。次章のリゲルのイニシエーションでわかりますが、リゲルのマスターたちは直接エネルギー場に作用し、それによって私たち人間の細胞水の構造にも影響を与えています。細胞水の構造化と霊的進化には密接な関係があるのです。私たちが霊的に進化すると、細胞内の水も自然に構造化されていきます。細胞の水が構造化されるにつれ、より多くの、より高い波動のエネルギーを保持できるようになり、私たちの霊的進化を促すことになるのです。

VE　海水や塩水と、湖や川などの淡水とでは違いがありますか?

IF　マスターたちは海水だけでなく、淡水にも取り組んでいます。海水に含まれる塩分について言えば、塩はエネルギーの保持と伝導に優れ、間違いなく海の塩が大きく関与しています。塩の形而上学的な特質のひとつは、適応性を高めることです。これは特にメンタル体で顕著です。

人類の大半はまず、メンタル体中心のあり方から、霊的な微細身のうち最も下位であるコーザル体中心のあり方へと跳躍する必要があります。DKいわく、進化の過程でたいていの人にとって最も難しいのはこのメンタル体からの移行だということです。そしてこの進化の過程と、海洋の塩分には関係があるのです。

VE　そのコーザル体についてですが、これらの星のイニシエーション、特に魂の愛の側面を開くというイニシエーションが実際に人々をコーザル体の体験に導いているかどうか、どうやってわかるのでしょう。それは本当なのでしょうか？

IF　もちろんです。神の愛、神の慈悲の体験は、コーザル体の活性化を伴うものでなければなりません。霊的な領域は、肉体的・感情的・精神的な領域とも関係はありますが、明らかにそれらとは別の領域なのです。霊的な体験を、肉体や感情や精神の要素だけに還元しようとする（多くの人がそうしています）のは間違いです。よく見られるのは、メンタル体では霊的体験の本質を理解しているのに、コーザル体があまり活性化していないという人です。これはどのような文明にもあることですが、特にアメリカでは多くのニューエイジの人々が高次自己《ハイヤーセルフ》とつながっていると言いながら、実際には、「高次自己とはどういうものか」という自分の想念パターンとつながっているのです。その人が本当に高次自己とつながっているかどうかは、透視力のある人からはコーザル体の活性化がよく見えるので一目瞭然です。

構造を理解することの意義と、それが意識にどう関係するかを述べておきましょう。ニューエイジの人たちがエネルギーや、チャクラ、微細身への働きかけを強調するのを見て、伝統的な学びに根ざす人々の多くは、それがどう霊性の発達に結びつくのだろうと疑問視しています。意識とエネルギーの密接な関係をよく理解していればこうした心配はありませんが、そうでないと大きく方向が逸れてしまう可能性もあります。そういう人々はチャクラを開いたり、エネルギーを流したり、微細身を開発することにとても熱心ですが、霊性の発達において肝心かなめである愛と慈悲や、仲間への貢献をあまり実践していないのです。

VE　とてもデリケートなバランスですね。私たちには自由意志があるのですから、つねに自分の選択が問われますね。

IF　そう、バランスなのです。私たちはまさに自分自身に働きかける意志を行使しなければなりません。エネルギーワークに熱心な人々に言いたいのは、自分にエネルギーを流すだけでは不充分だということです。意識にも働きかける必要があるのです。たとえ顔が蒼くなるまで自分にエネルギーを流し続けても、それで悟りに至ることはありません。あと一回イニシエーションやアチューメントを受けさえすれば覚醒するかのように思っている人にたくさん出会います。しかし、そうはなりません。煎じ詰めれば、自分にエネルギーを流すことも単にひとつの体験にすぎないからです。それは途方もなく美しい体験で、神聖な白い光や宇宙の火花などが見えるかもしれませんが、それも結局のところ、単に体験のひとつだということです。そして悟りとは、あらゆる体験の外にいられるようになることなのです。

ＶＥ　ベテルギウスのマスターたちから受け取るこのエネルギーには、未来の人類の目覚めの門を開き、私たちがより意識的に魂に気づくことを支援するという深遠な働きがあるのですね。

ＩＦ　そうです。この本のイニシエーションを受ける人たちは先駆者です。なぜなら、これらのイニシエーションは、人類の大半には今後何世紀も起こらないであろう微細身の変化を促すことになるからです。また、間違った自尊心を持たないことも大切です。重要なのは、イニシエーションによって自分自身の日常生活に変化をもたらすことなのです。仲間である人類のために、あなたが愛と慈悲において成長しているかどうかです。もしそうでなければ、たとえ世界中の全エネルギーを手に入れたとしても、それは本来の目的に適ったものではありません。ここは意識の参入が必要なところです。私たちは、みずから顕在化させたいと思う愛や慈悲のような資質を、意識的に育むように努めなければならないのです。

＊＊＊

次のイニシエーションまでは少なくとも一週間以上あけることを忘れないでください。

第10章 リゲル✦物質とスピリットを統合するイニシエーション

このイニシエーションを受けるには、二つの予備イニシエーション「微細身を強化するアチューメント」と「幻惑を取り払うイニシエーション」を完了している必要があります。このリゲルからのイニシエーションは、ほかと同じく、ただ求めるだけで受け取ることができます。イニシエーションの所要時間は一時間十五分です。受ける前に、本章を読んでおくことをお勧めします。進め方は１１２～１１３ページを参照してください。

……アーヴィンによる解説

このイニシエーションの目的は、あなたの物質的・肉体的な性質と霊的性質の統合を促すことです。この統合は、スピリチュアルな道を歩むすべての人にとって、なかでも肉体とスピリットの分裂に深く苦悩する現代の西洋文化圏の人々にとって、たいへん重要なテーマです。ところがこの分裂がいかに広く蔓延しているかについて、あまりにも多くの人が無自覚なのです。

この分裂は、おもに次の三つの側面で顕在化しています。

1. 一人ひとりが神の神聖な体現者であることに気づかない
ウォルト・ホイットマンは、「神聖なものがあるとすれば、それは人間の体である」と言いました。誰もがこの真理を生きていれば、世界にはもはや戦争も同胞の搾取も起こらないでしょう。スピリチュアル志向の人々でさえ、神聖な睡眠を奪われ、不適切な食事やストレスに満ちた生活によって、自分の体の神聖さを尊重していないことが多いのです。もしも自分の体を扱っているのと同じように神聖な教会や神社や寺院を扱ったとしたら、たぶんゾッとするはずです。

2. 母なる地球の神聖さに気づかず、地球をどうにかすべき対象として扱う
私たちが母である地球に鈍感になるのは、生命を感じるハートを失っているためです。幸いにも、地球に流入する第七光線のエネルギーが増えているので、この状況は最終的に変化するプロセスにあります。

3. セックスから神聖さを切り離してしまう
性行為において、私たちは自分自身と他者の内にある神の愛、神の力、神の創造性を讃

えます。性的な抱擁は、宇宙の陰と陽の抱擁を映し出しており、それによって世界は一瞬一瞬、新しく生まれ変わるのです。セックスを神聖な行為として体験する生得権を社会によって奪われるとき、内側に深い亀裂が生じ、私たちはその亀裂を埋めようとして刺激的な体験や所有欲に走ります。この〝奪う〟という行為は、社会における多くの暴力の根源でもあるのです。

東洋にはタントラの歴史がありますが、西洋では自分たちの性の神聖さを感じることはほとんどありません。タントラの修行では、ペアの一方が陰の役割を、もう一方が陽の役割を演じますが、その役割は時によって異なります。それは〝女と男〟ではなく、〝陰と陽〟と呼ばれます。タントラの修行では男性と女性のペアである必要はなく、陰と陽の極性が存在すればよいのです。広い視野で見ると、確かにスピリチュアルを自認する人たちがゲイやレズビアン、バイセクシャルなどの兄弟姉妹を疎外することはふさわしくありません。愛とは、性器の形状ではなく、あなたのハートの内にあるものと関わっているのです。

物質とスピリットの統合の欠如は、この三つにとどまらず、私たちの存在の仕方そのものにも作用します。それは全体性の欠如につながり、世界における自分の在り方全体に影響を及ぼすのです。このイニシエーションの目的は、全体性を回復するプロセスを開始することです。全体性のパワーと美しさを体験することはできますが、全体性とは、実のところ言葉では説明できません。このイニシエーションは、ここに述べた三つの側面に焦点を当てることで、さまざまな働きをします。

このイニシエーションの効果を高めたいのであれば、できるだけオープンで受容的であることはもちろん、あなたにできる最善のことは、物質とスピリットの知覚の仕方を新たに再認識することです。これはすでに物質とスピリットの一体性を知覚している人にも言えることで、人が肉体に転生している限り、この領域でやるべきことがあるのです。この再認識の基礎となるポイントを説明する前に強調しておきたいのは、現実の基本的な様相、つまり空間、時間、物質、カルマ、スピリット、神といったものの捉え方が私たちの日々の思考、感情、行動に与える影響は、一般に考えられているよりもはるかに大きいということです。さらに言うと、こうした現実認識とその影響には多くの連関性があるのです。一例をあげれば、自然から切り離されてしまうと、時間の循環性よりも直線性を認識しやすくなります。そうなるとハート・チャクラにくらべて眉間のチャクラに過剰にエネルギーがチャージされ、その結果、さらに自然から乖離し、個人的にも社会的にも好ましくないことが起こり、負の連鎖に入り込んでしまうのです。

私たちの日常的な体験に影響を与えるのは、意識的に抱いている概念だけではありません。私たちの無意識の信念はさらに大きな役割を演じます。無意識はエネルギーを強力に制御し、実際に私たちの微細身《サトルボディ》をその現実認識に沿うように形成しているのです。例えば、多くの人は時間を柔軟なものとしてでなく、弾力性のない固定した連続体として認識するという観点にはまり込んでいることに気づいていません。言い換えれば、時間を創造の場として捉えるか、外側からあてがわれた物差しとして捉えるかによるのです。時間を外的な物差しとして認識すればするほど、ある種の硬直性がメンタル体に入り込んできます。そしてこの硬直性が、感情体とメンタル体の統合を妨げるのです。

　意識的な信念も無意識の信念も、私たちの霊的なエネルギーの流れに影響を及ぼしています。予備知識や先入観を持たない人々がクンダリーニ体験をしているところを科学的に観察してみると、クンダリーニの流れは背骨の基底部から頭頂部まで上昇した後も止まらないことがわかります。それは頭上から体の前面へ、そして下へと流れ続けるのです。これは自然なことです。クンダリーニは物質とスピリットを統合するマスターだからです。上昇する流れは超越的で神聖な領域へと連れて行き、下降する流れはその領域を地上生活に組み入れるように働きます。ところが、クンダリーニの流れが頭頂のクラウン・チャクラで止まると誤って信じ込んでいる人たち（過度に超越的な見方をしたり、そのように教えられたりして）の場合は、その信念によって実際に流れがクラウン・チャクラで止まっていることがわかります。

　物質とスピリットの再認識なんて、どうやってできるのかと思うでしょうか。最も重要な変化は、物質とスピリットは対立するものでなく一元的なものだという理解が、より深く浸透していくことです。この世界は二元性の原理で構成されています。陰と陽、昼と夜、暑さと寒さ、上と下など。二元性について洞察を深めるとき、三つのレベルがあります。最も手っ取り早いのは、単なる対立項として捉えることです。次のレベルは、両極が互いにより大きな全体を補完しあう側面であるという気づきです。そして最高レベルの洞察は、究極的に二元性は幻想であり、現実（神）は切れ目のない全体であると気づくことです。

これを女性と男性の二元性にあてはめてみると、どうなるでしょう。最も低いレベルは、女性と男性を対立するものと捉える、「男と女の戦い」という見方です。次の段階では、女性と男性はより大きな全体を補完しあう側面であることに気づきます。そこには、双方にとってお互いが必要だという認識が含まれています。また、すべての男性には内なる女性（ユングのいうアニマ）がいて、すべての女性には内なる男性（ユングのいうアニムス）がいることも理解していきます。さらに最高レベルの洞察とは、究極的には神のみが存在し、私たちが女性や男性と呼ぶものは、単に神の異なった現れにすぎないという理解です。

この三つのレベルで物質とスピリットについて考えてみましょう。最も低いレベルの洞察は、物質とスピリットを対立するものと見なすことです。例えば、魂は純粋で物質は不純だとか、魂は物質界に囚われているなどという見方があてはまります。次のレベルは、物質とスピリットは互いに補完しあうもので、どちらも完成のためにはもう一方が必要であるという気づきです。これは他方がなければ存在しえない、磁石のN極とS極のようなものと言えるでしょう。そして最高レベルの洞察は、究極的には神のみが存在し、物質とスピリットは神の異なった現れにすぎないという気づきです。物質は神の衣服であると言われてきました。私たちの師、DKはアリス・ベイリーの著書のなかで、物質はスピリットが濃くなったものであり、スピリットは希薄になった物質であると述べています。

物質とスピリットの統合のためのこのイニシエーションは、リゲルと結びついたマスターたちからもたらされます。従来は「オリオン座」で最も明るいのはベテルギウスで、リゲルは二番目とされていましたが、今では計測法によってはリゲルのほうが明るいとも言われます。リゲルは私たちから約九一〇光年の距離にある、青白く輝く超巨星で、全天で七番目に明るい星です。『星百科大事典』を著したロバート・バーナムは、もしリゲルがシリウスと同じくらい地球に近ければ、その明るさは満月の五分の一くらいだろうと推論しています。

リゲルのマスターたちはとても包括的に考え、すべてをプロセスで捉えます。彼らの言語には、名詞に相当するものがありません。「木」という代わりに、「木する(treeing)」というような言い方をします。彼らは物質とスピリットだけに限らず、あらゆる二元性の統合を促すことができるのです。

ベテルギウスのマスターと同様に、リゲルのマスターも水の要素を深く理解しています。彼らの専門は海水ではなく、私たちの細胞内にある水のエネルギー場の進化を促すことです。これについてはあまり知られていませんが、彼らはきわめて重要な水の形而上学的な力、すなわち高次元から来る「愛と知恵」の第二光線のエネルギーを取り込み、私たちの肉体に統合することができます。私たちの血液はほとんどが水分であるために、体のすみずみまで神聖な愛のエネルギーを届けられるのです。ベテルギウスとリゲルのマスターたちは、地球と人類の進化のために水の要素のパワーを現実化させることについて緊密に協力し合っています。

……ヴァージニアとアーヴィンの対話

VE　人類の進化に不可欠なものとして、第七光線とか第二光線のエネルギーと言われましたが、この光線というのは何でしょうか。

IF　まず、光線とは「創造の七光線」のことです。究極的には、現象世界のありとあらゆるものが光線のエネルギーで構成されています。別の言い方をすれば、進化のすべては光線エネルギーのパターンの変化として眺めることができるのです。宇宙全体は光線エネルギーの巨大な万華鏡のようなもので、その相互作用によって形成されるパターンはたえず形を変え、変化し流転し続けています。すべての光線がいつでも存在していますが、歴史的な時期によってどの光線のエネルギーの勢力が強くなるかは変わります。地球と人類は、全体としては「愛と知恵」の第二光線の上にありますが、現時点で私たちの進化に最も強く影響しているのは第七光線です（巻末の〔付録A〕に七つの光線それぞれの簡単な説明があります）。

私たちの師であるDKは、第七光線がもたらす主要な機能は〝物質とスピリットの融合〟だと言いました。物質との密接な関係によって、第七光線は聖なる女性性と結びついているので、その影響がいま地球上で起こっています。今日の私たちの文明に見られる多くの変化は、第七光線が人間の女性的側面を刺激した結果でもあるのです。この第七光線の表現のひとつに、自己や他者を養い育むという性質があり、ホリスティック医療への関心が高まっているのもそのためでしょう。ほかにも現在の社会における変化の潮流は、地球に流入する第七光線エネルギーの増加という観点から多くを理解することができます。

VE　そうすると、この時代は、より女性的あるいは陰のエネルギーがとても重要な意味を持っているということですか。

IF　そうです。社会に変革をもたらす第七光線の影響は、秘教的な視点を表現しているのです。秘教的な視点とは社会的な勢力の存在を否定するものでなく、より深い、目に見えないエネルギー的な影響と一緒になって作用し、ポジティブな変化を助けるということです。

VE　それだけ膨大な第七光線のエネルギーに支えられているのに、なぜいま世界はこれほど多くの環境問題や社会問題があふれているのでしょうか？

IF　私たち秘教科学に携わる者は、物質界にはそれ自体の力学があることをつねに念頭に置いておかなければなりません。私の好きな古い言い習わしに、「最高の祈りは足がある」というものがあります。世界の問題について心配し、瞑想したりエネルギーを送ったりするのもいいのですが、物質界で行動することも必要です。

私たちがとるべき最も重要な行動は、母なる地球に関してです。私たちは過剰なテクノロジー社会のなかで生命をないがしろにするような生き方をしてきたために、とても重い代償を払っています。あまりにもしばしば、地球をすべての生命の源としてではなく、機械として扱っているのです。自分たちのことも生きた存在ではなく機械として扱い、食べることは単なる燃料補給で、眠りは神聖な行為ではなく最小限に減らすべき停止時間となります。睡眠は、個人的にも集団的にも、神聖な再創造の時間であるべきです。なぜなら、私たちは眠っているあいだに集合的に社会を創造し、未来を決めているからです。

VE　肉体とスピリットが分裂する三つの現れ方について、セックスから神聖さを切り離すと、肉体とスピリットが分裂するとおっしゃいましたね。タントラの修行について言及されましたが、西洋人の多くはタントラにあまり馴染みがないと思います。

IF　タントラについては多くの誤解があります。表面的な知識だけでは、タントラはエキゾチックなセックスの奥儀で、オーガズムを長持ちさせたり、その質を変えたりするテクニックのことだと思うかもしれません。それもタントラの一部ではありますが、タントラの第一の目的は、悟りに達することを願う神聖なものであることを理解する必要があります。

タントラの修行では、自分自身とパートナーの内にある神聖な性の力を尊重します。性的な力は、はるかにもっと広く捉えられるべきです。それは大いなる生命力の一側面であり、性的エネルギーと霊的エネルギーには密接な関係があることを理解しなくてはなりません。どちらも同じエネルギー範囲の一部であるために交換可能なのです。性的なエネルギーも、霊的なエネルギーも、より大きな根底にある一体性の顕現であると言えるでしょう。最後に言っておきたいのは、たぶん最もよく知られているのはヒンドゥー教のタントラですが、タントラの伝統は世界中に存在しているということです。

VE　禁欲生活をしている人についてはどうでしょうか?

IF　人によっては人生のある時期、性と無縁の生活がふさわしい場合もあると思います。大切なのは、そのときに性的エネルギーがせき止められたり抑圧されたりすることなく、自由に流れ、別のエネルギーへと転換されることです。フロイトの言葉を借りれば、性的エネルギーが昇華されて、政治的行動のエネルギーになったり、友人や家族を思いやるエネルギーになったりするということです。問題が起きるは、そのエネルギーの流れが阻害されたときです。

VE　性的エネルギーについて語るなら、両性具有も忘れてはいけませんね。

IF　両性具有とは、言葉としては聞き慣れないかもしれませんが、個人のなかで男性性と女性性のバランスがとれていることを指します。両性具有は、エネルギー力学という観点で考えるとよくわかります。私たちは進化の過程において、男性は内なる女性エネルギーを認識して統合し、女性は内なる男性エネルギーを認識して統合していきます。そうして時とともに私たちはバランスがとれていくのです。ただしバランスがとれるといっても、男性エネルギーと女性エネルギーそれぞれに優勢なときがあり、行ったり来たりすることは理解しておくべきです。

●瞑想は統合の達人

VE　肉体とスピリットの分裂について質問です。私たち普通の人間はどうやって物質とスピリットを再認識すればいいのでしょうか。

IF　いい質問ですが、簡単には答えられません。それは一生をかけた仕事、いや、じつは多くの輪廻転生を通じてなされる仕事なのです。特にアメリカのような文化圏では、この分裂があまりにも多くの現実の概念のまさに根幹に潜在しているために、認識することがきわめて難しいのです。ですから、こうした見方にはじめて接する人は、とにかくまず飛び込んでみることが最も現実的な方法でしょう。このような概念にすでに親しんでいる人なら、これまでよりさらに深く考え、物質とスピリットに関する体験が変わることに心を開いてほしいと思います。

VE　さきほど、眉間のチャクラが過剰にチャージされ、ハート・チャクラのエネルギーを奪ってしまうという例がありました。私たちが文化的に、あるいは個人的に、支配的な影響から逃れる手段はあるのでしょうか。

IF　誰にとっても、最も重要な手段は瞑想です。前にも言いましたが、私が瞑想というのは、誘導瞑想やビジュアライゼーションのようなものではなく、ヴィパッサナー瞑想、マントラ瞑想、特殊な呼吸法など、さまざまな形の古典的な瞑想を指します。それは解放を目的とした厳格な実践のことで、イメージを思い描いたり白い光で包まれるようなビジュアライゼーションとは異なります。私はそれらの有用性を否定しませんし、自分でも行います。ですがそれらを人々に教えていると、多くの人がいとも簡単に〝白い光中毒〟とでもいうものに陥ってしまうのです。古典的な瞑想の厳しい鍛錬に代わるものはありません。このようなことを言うのは、決して権威的な押しつけではなく、ただ真の瞑想がもたらす贈り物を皆さんに受け取ってほしいからです。

瞑想は、直接的な効果をもたらす肉体、感情体、メンタル体などを再構築するばかりか、コーザル体をも再構築します。コーザル体の再構築は霊的進化に不可欠であり、ビジュアライゼーションなどの手法では実現できないものです。

社会的な面では、瞑想を学ぶ機関を増やすことが最も有効な手段のひとつだと思います。社会のすべての人が定期的に瞑想をするようになれば、世の中は根本から変わるでしょう。

VE　誰もが肉体的・感情的・精神的・霊的、あらゆる種類のバランスをとるために瞑想をするべきだと思いますし、私もそれを勧めています。しかもコーザル体は、個人としての人格《パーソナリティ》と超個人的《トランスパーソナル》なアイデンティティの架け橋ということですから、瞑想を選択しなければ、私たちに約束された最も貴重な進化の機会を逃すことになりますね。

IF　瞑想は統合の達人です。それは意識的な心と超個人的な心を統合するのみならず、意識と無意識を統合します。これはとても重要なことです。なぜなら私たちの無意識はつねに休みなく働いており、日常世界だけでなく霊的世界との交流にも作用しているからです。私たちは肉体よりもむしろ光の体と関わっていますが、だからといって自分の防衛メカニズムが魔法のようにオフになるわけではありません。言い換えれば、私たちは日常生活で自分の誤った信念や否定的な態度を他者に投影するのと同様、それらを霊的ガイドや神にも投影しているのです。

無意識がどう働くかの簡単な例をあげましょう。ある人と話をして、数日後にふたたびその人と会ったとき、あなたが実際に話したのと反対のことや、まるで違うことを言われた経験はないでしょうか。その人は自分が聞きたいように聞いて、自分なりに解釈したのです。

VE　つまり、すべては私たちの知覚によってコントロールされている、ということでしょうか。

IF　はい。私たち人間は、ほとんどの人が思っているよりもずっと頻繁に、驚くほど広範囲でそうしているのです。私たちは皆、自分が聞きたいことを聞き、見たいことを見ています。どうしてそんなことが可能なのでしょう？　いったいどうやって実際の物理的な音波を解釈し直しているのでしょうか。それは、音の伝達の受け手が、その伝達をあてはめようとする無意識の信念パターンを持っているからです（これはエーテル体、感情体、メンタル体の保有パターンとしても現れます）。

さらに無意識は、音の物理的なエネルギーを解釈し直すだけでなく、しばしば微細《サトル》エネルギーをゆがめてしまいます。おわかりでしょうか。人から人へと、受け取ってほしい、信じてほしいという思いでメッセージを伝えているとき、それと一緒に想念パターンを送っているのです。こうした想念パターンは、送り手の微細身から受け手の微細身へと伝わります。想念パターンは、多くの場合、言葉による伝達よりも強力です。ときに、言葉は強くないのに説得力を感じることがあるでしょう。それはその人の想念パターンの強さを感じ取っているのです。ボディランゲージからは言葉以上のものが伝わるとよく言われますが、それと同じように、想念パターンからは言葉やボディランゲージを合わせた以上のものが伝わるのです。

自分が聞きたくないことを誰かが話しているのを聞くとき、エネルギーレベルでも抵抗が起こります。そのとき私たちは、相手から自分の微細身に送り込まれた想念パターンをゆがめ、自分の想念パターンに適合するように変化させているのです。充分な透視力があれば、実際にこのプロセスを見ることができます。一定の共鳴とともに想念パターンが入ってきて、それを受け取った人がその共鳴を変化させているのが見えるのです。

VE 読者のために、あなたが日々のコミュニケーションで透視で見えるものを話していただけますか。例えば、あなたが私を見て何かコメントして、私がそれに反発を感じたとします。すると、私の肉体の外側にある微細身のエネルギー場はどんなふうに変化するのでしょうか？

IF それに答える前に言っておきたいのですが、私は本人が知らないうちに勝手にその人にエネルギー的な影響を与えないという契約を自分の高次自己《ハイヤーセルフ》と結んでいます。人のエネルギー場に立ち入らないことは私の倫理観のひとつであり、この点については高次自己に委ねているのです。なぜなら、微細エネルギーを操るのが得意な人というのがいて、その人が間違った動機を持っていると、現実に人々をコントロールしようとすることがあるからです。けれども、日常生活で起こる想念パターンのゆがみのほとんどは無意識のうちになされています。

コミュニケーションをしている人のオーラがどんなふうに見えるかという質問に答えるために、こんな例をあげてみましょう。ジョンとビルが話していて、ビルがジョンの言うことを聞きたがらないとします。そのとき、ジョンは言葉だけでなく、ある種の精神的な想念パターンも発信しているのです。もしビルがジョンの発言を聞きたくない、感じたくない、受け入れたくないと思えば、できることがあります。想念パターンという微細物質は、物理的な物質の電磁的性質によく似た性質を持つので、最も一般的なのは単にエネルギーのバリアを築いたり、磁気的に想念パターンをはじいたり、あるいは望まない想念パターンを消散させることです。また、想念パターンという精神的な物質を自分の信念でフォーマットし直して送り返すこともできます。このようなことをされると、言葉のレベルを超えて、何か奇妙なことが起きているような気がするものです。こうしたことはよく見かけます。

VE　するとエネルギーレベルではさまざまなことが起こっているのに、ほとんどの人はそれに気づいていないのでしょうか？

IF　その通りです。すべての人がこういうことをしているのだと認識する必要があります。私たちの誰もが世界をゆがめています。私たちは皆、自分が聞くもの、見るもの、記憶しているものを絶え間なくゆがめ続けているのです。以前、記憶に関する心理学者の興味深い実験を読んだことがあります。日記をつけてもらい、それから数週間、数カ月と時間がたってから内容を思い出してもらうのです。すると、時間の経過とともに人は自分の記憶をどんどんゆがめていくことが明らかになったのです。昔の日記を見て自分の記憶違いに気づいたことがある人もいるでしょう。私にもありました。重要なのは、これはいつでも起こっていることで、しかもほとんどの人がそれに気づいていないということです。

もうひとつ、古典的な心理学の実験に、素手の黒人とナイフを持った白人が並んでいる写真を複数人に見せるというものがあります。写真を見た人たちにあとで思い出して話してもらうと、黒人の手にナイフが握られていたと答える人がかなりの割合で存在したのです。私たち全員が自分の知覚を、信念や過去の人生経験に合わせてゆがめています。私たちがそれに気づかないのは、ふだん自分の信念体系の正当性について外からフィードバックを受けることがないからです。

VE　私たちにはエネルギーのゆがみが見えないので、まるで牢獄のように自分の信念に閉じ込められて、自分が何を信じているのかさえ知覚できない……

IF　いい喩えですね。いろいろな意味で、それはまさに目に見えない牢獄のようなものです。

VE　このエネルギーの牢獄はどのように健康に影響するのでしょうか。つねづね私は、健康は霊性に始まり、それから精神、感情、肉体に伝わると言っているのですが。

IF　実際にそうです。多くの医師は、病気の六割以上は心理的な要素だと見なしています。例えば、心身症といっても本人が苦しんでいることは間違いありません。言いたいのは、そこには部分的にせよ感情的な原因があるということです。その際、私は個人的な自己成長のプログラムやセラピー、あるいはインナーチャイルドワークなどを強く推奨しています。一番いいのは、こうした問題の原因となっている無意識の制限を消し去ることです。個人的な自己成長は、霊的成長にも大きく寄与します。実のところ、霊的成長と個人的成長は表裏一体なのです。

前にも言ったように、肉体のない光の存在と関わっても、私たちの防衛メカニズムが突然オフになるわけではありません。また私たちは、生まれ育った家族や社会でまだ完了していない問題を霊的な領域にも投影しています。霊的ガイドに投影し、神に投影しているのです。文化的な面では、西洋にはとても家父長的な神のイメージがあり、それが自分たちにも他の文化にも大きな弊害を及ぼしています。

しかしながら、西洋社会の大きな強みは、心理的な成長と霊的な成長の関係を理解するようになってきたことです。すべてではありませんが、東洋のグルたちのなかにはセラピーや自己成長の手法をとても低く評価している人が多くいます。超越すべき人格を、ただ甘やかしているだけだと言う人もいます。私自身の考えでは、個人的な自己成長は霊的成長を大いに助けるだけでなく、ある時点ではそれが必要になってくるのです。自分の〝中身〟に手をつけないままで霊的な道を行けるところまで行ったとき、その先へと進む前に、立ち止まって人格の統合を経験しなければならないのです。

●火の伝統、水の伝統

VE　そして、より健康になるためには、無意識の信念のどこが自分の足かせになっているのかを突きとめる必要がありますね。

ＩＦ　確かにそうです。もっと健康になりたいと願う人は、霊的な手助けによって自分の盲点を知ることが最善策のひとつです。一般的にはスピリットに心を開くか、特定の霊的ガイドに導いてもらうかでしょう。

ＶＥ　私はいつも〝安全に〟開くという言葉を使います。たくさんのネガティブなものがいっぺんに解放されて、すべて同時に崩壊してしまわないようにしたいからです。

ＩＦ　それはいい考えですね。誰もが心地よいと感じるペースで、自分のネガティブな部分を乗り越えていくべきです。一定の時間でここまで進まなければならないというものではありません。自己成長を真剣に探求したことがある人なら誰でも、それがどれほど困難な道のりか、よくわかっています。生涯をかけた大仕事ですから、ときには休暇をとることも大事です。変化したいという望みと、くつろいで人生の流れに身を任せることのバランスをとってください。

エネルギー的な見地からすると、最も深遠な変化は、火と水のエネルギーのバランスの問題であることを指摘したいと思います。霊的なエネルギーワークは、一般的に「火」の伝統と「水」の伝統に大別されます。これは大雑把ではありますが役に立つ概念です。おそらく、最も有名な火のワークの例はヒンドゥー教のクンダリーニで、ベース・チャクラから発生する火が体の中枢にある通り道を上昇するというものです。一般に、火の伝統はきわめて迅速に結果が得られるため、歴史的に広く受け入れられてきました。他方、水の伝統では道教が最も有名でしょう。これも火の伝統と同じくらい強力で、長い目で見れば同じように効果的です。なかには、火の伝統は強烈すぎると感じ、水の伝統のほうが穏やかでゆっくり作用するために好む人もいます。

霊的に完全に目覚めてバランスがとれるようになるには、実際には火の要素と水の要素の両方が必要なのです。火と水のバランスを重視した古代文明の例として、古代エジプトの伝統があります。また現代では、水と火の両方を重視する伝統にハワイの「フナ」があります。フナの伝統では、男性と女性は単に神の異なった顔や現れであることも強調されています。私たちSUNでフナのコースを教えているのは、このためです。

VE　面白いことに、オリオン座のリゲルとベテルギウスのマスターが、どちらも地球の水あるいは私たちの体内の細胞水に関与しているのですね。どうして「水」なのでしょうか。

IF　それは地球の文明があまりにも陽、つまり男性性のエネルギーを多く持ちすぎていることに関係しています。形而上学的な要素で言えば、「火」の要素が多くて「水」の要素が少ないのです。このアンバランスがあまりにも著しく、地球はまるで火の海に包まれそうなほどですが、ほとんどの人はこのアンバランスに気づいていません。ベテルギウスとリゲルのマスターたちは、物質的な水と波動でつながることによって、形而上学的な水の要素の影響力を回復させるのを助けているのです。二つの星系のマスターたちが関わっているのは、ベテルギウスは海の水、リゲルは体内細胞の水というように、それぞれ得意分野が異なるからです。

物質的な水は、キリスト意識とのつながりという意味からも重要です。この章の導入部で、水の主要な形而上学的機能は、高次元からやってくる「愛と知恵」の第二光線のエネルギーを取り込んで私たちの肉体に統合することだと言いました。第二光線とキリスト意識は密接につながっているため、水とキリスト意識も密接に関係しているのです。次のシリウスの章では、今後、人類のキリスト意識の実現と増幅をシリウス人たちが支援する「シリウス・テンプレート」についてお話しします。このテンプレートを活性化させるには、細胞内の水が充分に構造化され、より多くの第二光線エネルギーを保持できるようにしておく必要があるのです。

すべてのマスターの仕事は皆、お互いにつながっています。例えば、アルクトゥルス人は地球のハート・チャクラの機能を向上させます。そうすると、私たちのハートから肉体と微細身へと第二光線のエネルギーが送られやすくなり、また、地球とその微細エネルギーのグリッド全体にも第二光線のエネルギーがよりスムーズに伝わるようになります。この第二光線のエネルギーの大半は地球の海洋の水によって引き寄せられます。これによって、リゲルとベテルギウスのマスターたちは、海水と私たちの細胞水の両方のエネルギー場を進化させるために第二光線を使えるようになるのです。

私たちの細胞水が第二光線のエネルギーをより多く保持できるように進化するにつれて、人類は地球との関係に目覚めていくでしょう。そして、より多くの人々がアルクトゥルス人と同じようなやり方で、意識的に地球のハート・チャクラを助けることになるでしょう。このような美しいフィードバックの循環がたくさん存在しているのです。

VE　水と愛との関係や、血液が愛を全身に運ぶという話は興味深いです。私たちはしばしば、愛を自分の全体的な体験として、あるいは微細身における感覚体験として捉えます。でも私たちは血液中の何かによって愛を体験しているのでしょうか、それともこれは、きたるべき進化の姿だということですか？

IF　両方です。これは現在進行形で起こっていることであり、私たちが個人として、また人類全体として進化するにつれ、より強力に、そして違った形で起こってくるでしょう。「悟りとは全身で悟ることである」という一般原則に立ち返ることが大切です。悟ったときには、考え方が変化したりエネルギー場がシフトするのみならず、体のすべてが変わるのです。脳が変わり、骨髄が変わり、血液が変わります。

　これは単なる理論ではありません。上級瞑想者の尿中には、通常あまり含まれないメラトニンのような物質が多く含まれるなど、さまざまな報告があります。DKは、将来は私たちの知見をはるかに超えるような瞑想による体の変化が数多く確認されるだろうと語っています。私たちが霊的進化を遂げるとともに、肉体も微細身も変化していくのです。これは個人レベルでも、人類全体のレベルでも言えることです。

私たちの体に最も大きなシフトが起きるのは、ワールド・ティーチャー、あるいは西洋の一部の人々がキリストと呼ぶものが現れるときです。この地球上にワールド・ティーチャーが物理的に存在するだけで、多くの変化が引き起こされるでしょう。最大の変化は、その存在のエネルギー場によって、人間の左脳と右脳の関係にシフトが誘発されることです。その結果、左脳と右脳の統合がはるかに進むことになります。神経パターンとして統合されるだけでなく、現在の人間にはない、新たな脳組織が形成されるのです。

VE　その未来のワールド・ティーチャーとは、現在この七つの特別な星系のエネルギーをもたらしている宇宙の共同体とどんな関係にあるのですか？

IF　ワールド・ティーチャーは、地球が壮大な宇宙の計画や霊的共同体から孤立して切り離されることなく、ともに協力しながら進化することを助けるために来るのです。

VE　地球外の存在たちは、実際に人間が進化の過程で微細身と肉体を変化させるように支援してくれているのでしょうか。

IF　そうです。私が思うに、今の進化を理解するのにいちばん有用なのは、個人にとって最も大きな変化とは物理的な変化ではないということです。私たちは、自分の肉体から微細身へと焦点を移さなくてはなりません。なぜなら肉体よりも微細身のほうが、はるかにしなやかで順応性があるからです。

微細身を変化させる方法は、何度も言ってきたように、エネルギーワークと瞑想です。瞑想は松果体の発達にも不可欠で、微細身と肉体をなじませて統合するように促します。西洋では、チャクラシステムに関しては東洋の知識を取り入れましたが、内分泌系の重要な働きについては見落としています。あなたの内分泌腺はあなたのあり方を示す、とも言われます。ニューエイジの人々が直面している問題の多くは、往々にして自分の内分泌系に関する理解不足から来ているのです。現在、これはDNAよりはるかに関心を持つべき重要なテーマです。

VE　つまるところ、瞑想は肉体や微細身のDNAにも影響するということですか？

IF　もちろん究極的には、微細身のDNAで起こった変化が肉体のDNAの変化として現れることになります。けれども、それは多くの人が考えるよりもずっと長いプロセスなのです。スピリチュアルな道の途上では、神聖な忍耐を養う必要があります。たえず高いエネルギーを取り込もうと自分を追い込んでいる人たちをよく見かけますが、スピードが速すぎて、肉体がその代償を払っているのです。

VE　改めて思い起こすのは、人間にとって最も難しいレッスンは肉体の生命に喜んで感謝することだという言葉です。お話を聞いていると、「私は誰か？」「私はなぜここにいるのか？」といった、答えのない疑問が湧いてくるのです。

IF　それらは誰もが抱く大きな疑問です。そもそも、なぜ私たちはここにいるのでしょうか。

その答えは人間の頭では理解できないものでしょう。より現実的に言えば、私たちの頭が満足するような答えはないのかもしれません。

VE　その一方で、私たちはもっと天文学を学び、この太陽系や銀河系の関係についてさらに知見を広めることができます。よく言われるように、これは大いなる謎です。進化のこの時点において、おそらく人間の頭ではこの創造の広大無辺さを理解することは不可能でしょう。それでもなお、新しい科学的情報などは別として、直感的にハートで生命の崇高さや壮大さを感じるので、私はそれでいいのかもしれません。

IF　……言葉を失いました。いま私は、人間の頭が満足できるような答えはないと言いましたが、じつはハートの奥では感じることができるのです。瞑想の豊かさをはじめ、さまざまな体験を通してハートを満たすことができます。心がとても静かなとき、人は最大の叡智が頭ではなく、本当はハートの内にあることに気づきます。私たちのハートの最も奥深くには、言葉にできない悟性があるのです。もしその深い悟性を語るのに最も近い言葉があるとすれば、それは愛について語る言葉でしょう。

愛は宇宙の驚くべき力です。それはあらゆるレベルに存在しています。愛は、単なる感情ではありません。DKや多くの師は「愛と知恵」という言葉を使います。ふつうは別々に考えられている二つの概念をひとつに結びつけているのです。もちろんこれらは、高次の視点から見れば本当は別々ではありません。神聖な愛とは、あらゆる疑問がいっぺんに吹き飛ぶような充足感をもたらす、ひとつの知の形です。人がそのようにハートから感じる境地にあるとき、「私は誰か?」とか「私はどこから来たのか?」などと問う必要さえなくなります。母親の愛に完全に包まれている幼子《おさなご》にとって、そんなことは聞くまでもないのと同じなのです。

VE　これらの星々からのエネルギーの祝福は、現在の私たちの心に何らかの意味をもたらすでしょう。けれども究極的に、私たちと創造をつなぐものは、つねにハートに浸透する神聖な愛と慈悲であり続けるのでしょうね。これまでも多くの霊的教師たちによって示されてきたように。

＊＊＊

次のイニシエーションまでは少なくとも一週間以上あけることを忘れないでください。

第11章 シリウス✦キリスト意識を呼び覚ますイニシエーション

このイニシエーションを受けるには、二つの予備イニシエーション「微細身を強化するアチューメント」と「幻惑を取り払うイニシエーション」を完了している必要があります。このシリウスからのイニシエーションは、ほかと同じく、ただ求めるだけで受け取ることができます。イニシエーションの所要時間は一時間十五分です。受ける前に、本章を読んでおくことをお勧めします。進め方は112〜113ページを参照してください。

………アーヴィンによる解説

このシリウスのイニシエーションの目的は、人類が普遍的な愛、すなわち神への愛、隣人への愛、地球とそこに生きるものへの愛……まさに神のあらゆる創造への愛を目覚めさせるように促すことです。西洋文明では、この普遍的な愛の状態を「キリスト意識」と呼んできました。この状態は決してキリスト教にのみ結びつくものではありませんが、キリスト意識の核心は『マタイによる福音書』の一節にこのように表現されています。

イエスがサドカイ派の人々を沈黙させたと聞き、パリサイ人たちが集まってきた。その一人である律法家がイエスを試すためにこう質問した。「先生、律法のなかで一番重要なのはどの掟《おきて》ですか?」するとイエスは言った。「心を尽くし、魂を尽くし、思いを尽くして、あなたの神である主を愛しなさい」。これが最大にして第一の掟である。そして二番目に重要なのは、「隣人を自分のように愛しなさい」。すべての律法と預言者は、この二つの掟の上にある。

（新約聖書「マタイによる福音書」第22章 34―40節）

キリスト意識には愛以上のものがあります。この普遍的な意識レベルには、深遠なグラウンディングもまた求められるのです。私がグラウンディングというとき、それはたいていエネルギー密度の希薄な層から、より濃密な層への移行を意味します。グラウンディングにはこの愛を実践する意志と献身が示唆されているのです。というのも、ここで話しているのは「ああ、私はみんなをとても愛している」といった抽象的な感情のことではなく、日々表現され、ときには犠牲すら伴う、真の愛についてだからです。

グラウンディングによって私たちは母なる地球ともつながります。イエスがいかに頻繁に農業の喩えを使って教えを説いたかに注目してください。イエスは種や、果実や、ワインや収穫について語りました。それは大地と深くつながり、地球を深く愛する人の言葉です。ニューエイジでキリストのエネルギーと名づけられているものの多くは、こうしたグラウンディングの要素を欠いています。それらは実のところ愛を実践する努力を後押しするより、むしろ日々の人生から逃避する手段として使われているのです。

キリスト意識をマスターするためにさらに必要なことを言えば、その意識状態が「創造の七光線」とどのように関係しているかを理解しなくてはなりません。この七つの光線は、キリスト意識を含むすべてのものが現れるための基本エネルギー、建築素材なのです。七つの光線のそれぞれが、人類にとって重要な学びをたずさえています。

そこには、次ページにあげるようなキリスト意識の七つの特性が含まれており、そのそれぞれが光線とつながっているのです。例えば、キリスト意識の一番目の特性は第一光線、二番目の特性は第二光線というように対応しています（七つの光線の各機能については、巻末の〔付録A〕を参照してください）。

キリスト意識の七つの特性

1．個人の意志と神の意志の完全な統合。

2．神の創造すべてに対する無条件の愛。

3．存在と行為の深い一体化。それにより、自分の人生が物質界で神の計画を実践する統合された一連の行動となる。

4．調和。キリスト意識の根本的な特性であり、しばしば対立を通じて達成される。これには自己の多様な特性の内的な調和と、他者および社会との外的な調和が含まれる。

5．神聖な才知。神の計画を実行するための、地に足が着いた実践的な理解。

6．神への全的な献身、および神の国がこの地上に満遍なく具現することへの信頼。

7．自己の内でのスピリットと物質の深い統合、そしてスピリットと物質の関係性に対する深い理解。これには以下の理解が含まれる。

a．物質および身体感覚への執着は、霊的成長を阻害する大きな要因であり、特に富への執着は根深い問題となる。

b．物質とスピリットの二元性は、この両者が本質的に対立することを意味するものではない。物質とは神の衣服である。

c．人間として満たされるのは物質とスピリットが融合したときのみ。なぜなら、私たちはその二つの世界を同時に生きる運命にあるから。

シリウスのイニシエーションは、キリスト意識のこれら七つの特性すべてに働きかけるものですが、特に二番目の、神の創造すべてに対する無条件の愛に集中的に作用します。チャクラの観点からは、おもにハート・チャクラを開き、グラウンディングさせることに重点が置かれます。私たちは皆、愛を与え、受け取れるようになるために、幼児期から大人になっても心に傷を負っています。ですからハート・チャクラが充分に開くには、こうした傷に対処し、ある程度まで癒されている必要があるのです。このイニシエーションの主目的は傷を直接解消することではありませんが、そのエネルギーはおもに養育と所属の感覚を育むので、エネルギーが働き始めると、ハート・チャクラに優しさの感覚や傷の疼きが感じられたりすることもあるでしょう。たとえそうなっても、たいていは二、三日くらいで終わります。

このキリスト意識に関するイニシエーションは、全天で最も明るい星であるシリウスと結びついたマスターたちから届きます。その傑出した輝きは、太陽の約二十三倍という明るさよりも、むしろ地球との近さゆえです。約八・六光年の距離にあるシリウスは、地球から最も近い隣人のひとつです。シリウスという名前は、ギリシャ語で、きらめく、焼けつくような、という意味のseiriosから来ています。ギリシャではシリウスを別の名前でも呼びました。単に「アストロン」

とも呼ばれ、これは現在の天文学《アストロノミー》の語源にもなっています。シリウスは「おおいぬ座」の中で際立っており、犬の鼻に見立てられたことから、ドッグ・スターとも呼ばれます。またバビロニアや一部の北米先住民たちも、これらの星々に犬の輪郭を見て取りました。

北半球の夜空でシリウスを見つけるには、オリオン座の三つ星に沿って左なため下方向にたどります。シリウスは地平線近くにあるとき、白、青、緑、オレンジなどさまざまな色に輝く、ひときわ美しい星として知られています。この現象は星そのものの性質ではなく、地球の大気層を通過する際の光のゆらぎによるものです。そのため地平線近くにあるときほど星は明るく発光し強くまたたきます。シリウスは夜空で最も明るい星であることに加え、地平線低くに位置するときは天頂付近よりも厚い大気層を通って光が届くのです。

一八六二年、シリウスは連星であることがわかりました。明るい主星シリウスAに対して一万倍も暗い伴星シリウスBが発見されたのです。シリウスBは、最初に発見された白色矮星です。白色矮星とは燃え尽きた古い星の残骸です。この星の残骸はきわめて密度が高く、シリウスBの物質は大さじ一杯ほどで約二・五トンもの重量があるとされています。

古来からシリウスは世界中の文明で知られ、崇められてきました。古代アトランティスでは、中心的な秘教はシリウスのマスターたちから受け取った情報にもとづいていました。あまり知られていないことですが、じつはアトランティスという名は、古代アトランティス語で「シリウスの故郷」を意味していたのです。アトランティスの沈没とともに、シリウスの秘教はエジプトに伝わり、シリウスは女神イシスと結びつけられました。紀元前三〇〇〇年頃、古代エジプト人たちは、夜空から消えていたシリウスが日の出の直前にふたたび地平線上に姿を現す日を一年の始まりと定め、新年の初日として祝いました。そうするとまもなくナイル川は氾濫し、生命に毎年滋養をもたらしたのです。

キリスト意識のイニシエーションをもたらすのがシリウスのマスターたちであることは、まさに最適任と言えます。この素晴らしいマスターたちは長いあいだ、地球上のさまざまな文明圏で、キリスト意識の目覚めを促すための活動をしてきました。キリスト意識は、時代や場所によって、数え切れないほど多くの名前で知られています。実際にはシリウスは、地球やこの太陽系だけでなく、銀河のほかの星々にとってもキリスト意識の故郷なのです。キリスト意識は、魂の無条件の愛として降りてきて、生きた物質のなかに宿ったのです。

シリウスとキリストの関係については、アリス・ベイリーの『光線とイニシエーション』に詳しく書かれています。この本のなかでDKは、シリウスは「我々の全惑星生命の驚異的な源」であり、その地球への影響力の大きさは計り知れないと述べています。シリウスの霊的階層は太古の昔から霊的な原型であり、地球の霊的階層の重要なモデルとして人類の進化に寄与してきました。私たちが地球の霊的階層に触発され導かれているのと同様に、シリウス人もシリウスのマスターたちに触発され導かれているのです。またこの本でDKは、地球の霊的階層は聖白色同胞団《グレート・ホワイト・ロッジ》と同義であり、その全体的な仕事はシリウスによって統制されていることを明かしています。そこでは、シリウスからの霊的エネルギーが私たちの太陽のハート・チャクラ（彼らは「太陽のハート」と呼びます）へ、そして地球の霊的階層へと流れ込む過程が解説されています。それはさらに地球の霊的階層を通して秘儀参入者《イニシエート》や弟子たちへ、人類全体へと流れていくのです。

シリウスのマスターたちは、単に地球の霊的マスターや人類を導くだけでなく、もっと深いところでも重要な働きをしています。DKによれば、神の計画を実現するため、動物であったヒトに魂を入れて人間に変えたという羊飼いとしての面もあったそうです。またシリウス人は、魂が物質に定着するのを助ける専門家でもあります。スピリットを物質世界に定着させるという魂の力は、私たちの成長、進化、そして究極的なマスターとしての基礎となるものです。

地球の霊的階層のマスターになるまでには、長い霊的成長の道を歩まなくてはなりません。実際にマスターになるには、惑星、太陽、シリウスの三つのイニシエーションを一連の流れとして行う必要があります。よくマスターとは太陽の第五イニシエーションを受けた者のことだと言われますが、これはかなり単純化した言い方です。DKが言うには、マスターとは、惑星の第七イニシエーション、太陽の第五イニシエーション、そしてシリウスか宇宙の第一イニシエーションを受けた者であるとのことです。惑星地球で霊的マスターになった者が、シリウスでは初級レベルの秘儀参入者でしかないことからもわかるように、シリウスのイニシエーションは明らかに三つのなかで最高度のレベルです。

先に述べたように、シリウスは古代エジプト人の宗教や文化において重要な役割を演じ、古代エジプトの秘儀参入者はシリウスから来たマスターたちと密接に関わっていました。そして古代エジプト人はエネルギーの技法を伝授されることで、エーテルレベルの魂を扱うエキスパートになっていったのです。そこでは自分や他者の想念パターンをコントロールする周波数も用いられ、多くの超常的な力が開花することになりました。ところが残念なことに、古代エジプト人の一部には、師の忠告にもかかわらず、これらの力を著しく乱用した者たちがいたのです。こうしたエネルギー技法には悪用される可能性もあることから、古代の神秘学派が衰退した後には、地球の霊的階層はこれらのイニシエーションを復活させることを許しませんでした。

その結果、現代に至るまで、私たちの微細身《サトルボディ》からはこれらの周波数が欠落したままなのです。多くの人は、それが何なのか意識的にはわからなくても、無意識のうちにその欠落を感じています。この本の著者の一人（アーヴィン・フュアースト）には、超能力の乱用を防ぐための特定の条件を満たすことで、現代に再建されたエジプト神秘学派でこれらの周波数を復活させることが許可されました。

シリウスのマスターたちは、私たち一人ひとりにキリスト意識の目覚めを働きかけるだけでなく、直接的にも間接的にも地球のグリッドを支援しています。直接的には地球のグリッドに一定の周波数を加え、間接的にはその周波数を使って、各人に内在するシリウス・テンプレートを活性化するように準備させるのです。「シリウス・テンプレート」とは、地球に転生した人がそれぞれに持つ、キリスト意識の発達を大幅に加速させるためのエネルギーのグリッドワーク・パターンです。このテンプレートは一度に起動するのではなく、相互に関係する十二段階を経て活性化されます。細胞内の水が充分に構造化され、より多くのエネルギーと情報を保持できるようになるまでは、テンプレートの活性化は起こりません。私たちの細胞内にはもっと構造化された水が必要なので、ベテルギウスとリゲルの両方のマスターたちが現在と将来のために人類の支援に専心しているのです。

シリウス・テンプレートの活性化は、七つの「キリストの種子」の活性化をも促し、それによってシリウス・テンプレートのさらなる高次の活性化につながります。このキリストの種子についてアルクトゥルスの章で触れたことを思い出してください。それぞれの種子は七つの光線と結びついており、本章のはじめに述べたキリスト意識の主要な特性を育むように助けます。二番目のキリストの種子が活性化すると、細胞内の水における第二光線エネルギーの保持力が著しく向上します。そうすると、シリウスのマスターが送ってくるエネルギーの恩恵を受け取り、テンプレートの高次の活性化を加速させることが可能になります。このようにキリストの種子、私たちの細胞水、シリウスからのエネルギーは、さまざまな形で互いに連繫しているのです。どのように変換され連繫しているかはわからなくても、その恩恵を受け取ることはできます。

古代エジプトの秘法に用いられた周波数のように、このシリウス・テンプレートの特定の周波数は超常的な力の開花につながる可能性があります。それゆえこれが発動されるのは、幻惑《グラマー》からの解放をほぼ達成しているか、その力を乱用しないことが霊的階層から見て明らかな場合のみです。また人類全体としてワールド・ティーチャーの出現の時が近づいて初めて、このテンプレートは活性化されるでしょう。現時点でこのエネルギーのテンプレートを活性化させると言う人には注意してください。まだ機は熟していないからです。

……アーヴィンとヴァージニアの対話

VE　シリウスに関する今のお話には、シリウス人が動物としてのヒトに魂を入れるのを助けたなど、興味深い情報が含まれていますね。そもそも人間の魂を創造したのは神なのに、なぜ私たちの魂にシリウス人が関わっているのでしょうか？

IF　いい質問ですね、ヴァージニア。魂それ自体は神から直接来ています。ただし忘れてはいけないのは、私たちは肉体に転生した魂であり、魂が濃密な波動に転生しているあいだは、多くの霊的存在が協力し合ってその魂の使命を果たすということです。その人のソーラー・エンジェル（守護天使と呼ぶ人もいます）や、その人を導く中心的な霊的ガイドや霊的教師に助けられているのです。そこには、例えばシリウス人のように、人類と地球の全体的な導きや進化を託された霊的存在も含まれます。ご承知のように、神のレベルにおいて私たちは皆、同じ生きた曼荼羅の一部であり、私たちがここ物質界につくり出しているような分裂や分断は、実のところ高次元界には存在しないのです。

VE　シリウス人もソーラー・エンジェルも霊的ガイドも、魂の旅の援護者だということですね。でもなぜ魂は物質界に転生するために、それほど多くの助けを必要とするのでしょう。

IF　それに対する答えを理解するには、古代の神秘学派の大いなる真理をひもとく必要があります。これは宇宙についての理解を整理する上で大いに役立つでしょう。その真実とは、創造には二つの弧《アーク》があるということです。すなわち内巻きの弧と、外巻きの弧です。内巻きの弧とは、スピリットの物質への降下であり、神の呼気ともいわれます。いっぽう、外巻きの弧とは物質からスピリットへの上昇であり、神の吸気とも呼ばれています。人格は外巻きの弧の上にあり、魂は内巻きの弧の上にあります。人格はその本質として、意識を広げてエゴとの排他的な自己同一化を打開するために助けを必要とします。また、魂はその本質として、物質世界に降下して着地するために助けが必要となるのです。

私たちの文明の大半は、魂の性質への理解から遠ざかってしまいました。人々は、魂が選択を間違えたとか、魂が道を踏み外したなどと口にします。けれども魂は神と深く一体化しており、まったく純粋です。魂には学ぶべき道徳的レッスンなどなく、むしろ魂が学ぶべきは、どのように物質界へと降下し、いかに物質を通して魂を表現するかなのです。

魂が物質の振動へと降下するのは、一度にではなく段階的に起こります。その理由を知るには、古代の知恵にあるもうひとつの真理を理解する必要があります。これはおそらく古代の知恵が教える、唯一最大の真理でしょう。それは「流出説*」という概念であり、神は宇宙を一度に創造したのではなく、一連の流出、すなわちそれぞれに異なる波動を帯びた現実界を通して宇宙を創造したというものです。神智学の伝統では、これらの各界層を七つに整理し、物質あるいはエーテル界、感情界、メンタル界、ブッディ界、アートマ界、モナド界、宇宙あるいはロゴス界と呼びます。魂はモナドから発せられるため、魂の下には五つの現実界があることになります。これは、魂には五つのレベルがあるというカバラの古典的な教えを説明しています。魂が現実の各界層を降下していった最後に行き着くのが物質界であり、それは最も濃密な波動で、魂にとっては最も馴染みのない領域なのです。

地球に人間として転生することを選んだ魂は、シリウスのマスターたちに助けられて、この旅の最終ステップを踏むことになります。シリウス人は人類に計り知れないほどの援助をもたらし

＊流出説（Emanationism）新プラトン主義やグノーシス主義にみられる神秘思想で、この世界は根源である一者（神）から段階的な流出によって創造されたというもの。

てくれているのです。彼らは魂を物質へと降ろす専門家であり、そのため動物であるヒトに魂を入れ、人間への移行を促したのです。そしてこれが、今日も私たちを助けてくれているひとつの大きな理由でもあります。

この支援の延長線上に存在するのがシリウス・テンプレートです。このテンプレートの基本的な機能は、魂のエネルギーを定着させることにあるのです。この定着のプロセスは個人と地球の両方を助けます。個人的には魂のエネルギーを細胞レベルに定着させるのを助け、それと同時に、地球上にシリウス・テンプレートを活性化した人々が数多く現れると、キリスト・エネルギーが惑星グリッドに定着するのを助けることになります。

●シリウス・テンプレートの活性化とキリスト意識

VE　なるほど、魂の謎が解けました。そのテンプレートとはどういうものですか。

IF　シリウス・テンプレートは、地球に転生した人にそれぞれ存在する、エネルギー的なグリッドワーク構造です。このグリッドの目的は、活性化が始まったときにキリスト意識の七つの主要な構成要素すべての発達を加速させることです。このテンプレートを、ほかのエネルギー構造、例えば皆さんが知っているメルカバあるいはマカバなどと混同しないようにしてください。

VE　そのテンプレートとは、どこにあるのでしょう。微細身、肉体、それともその両方にあるのですか？

ＩＦ　シリウス・テンプレートは肉体と微細身の両方に存在しています。というのも、キリスト意識の七つの主要な構成要素のひとつである「調和」に、肉体と微細身の統合が含まれているからです。このテンプレートはキリスト意識の七つの主要な特性と連動していますが、すでに述べたように、その基本的な機能はスピリットを物質へと定着させ、細胞レベルまで降ろすことにあります。キリスト意識が完全に顕現するためには、私たちは肉体の細胞レベルまで変化しなければならないのです。

オリオン座の二つの星、ベテルギウスとリゲルのイニシエーションによる水の構造化の増進は、細胞レベルの進化をも促します。とはいえ、地球外のマスターによる細胞レベルの助けから最大の効果を受け取るには、チャクラや経絡《けいらく》や微細身の浄化を充分に終えている必要があります。

ＶＥ　するとグリッドやテンプレートに示されるような、より高い意識状態に私たちを導くことが、もともとのシリウスの計画だったのでしょうか？

ＩＦ　はい、その通りです。これをシリウス・テンプレートと呼ぶのは、シリウスのエネルギーを用い、シリウスの霊的階層の指導のもとに設置されているからです。けれどもシリウス人たちは多くの星系のマスターと協力しながら働いています。彼らは皆、集合意識の一部なのです。彼らの意識は、肉体を持つ人間にはほとんどあり得ないような形で、すべてが溶け合っているのです。実のところ、このレベルの存在たちがどうやってお互いの意識を融合させながら、なおかつ個人性を保っていられるのか、私たちもよくわからないのです。

VE　ではこの先、いつの日かシフトが起こったとします。その時点で、いま地球人だと自覚している私たちはシリウス人になるのでしょうか？

IF　私たちはつねに地球人です。しかしながら、地球とシリウスのあいだに境界線を引くのは、まったく人為的な区別でしかありません。この二つは密接に絡み合っているのです。

実際にそのとき起こることとは、ワールド・ティーチャーの出現に先立って、ロゴス的な波動とも呼ばれる霊的エネルギーの波が次々とやってくることです（ロゴスの原理とは神格が物質に宿ることを可能にする、私たちの内なる神性の究極の源です）。これらの波が地球全体を包み込むのです。その波は惑星地球の霊的階層と、その指導者たちにつながる多くの地球外の霊的階層から共同で発せられます。そしてこの波がある程度地球を通過すると、各個人のソーラー・エンジェルあるいは守護天使がシリウスの霊的階層と連携して、シリウス・テンプレートの第一段階を起動させます。これらのすべてがひとつになって、人類にワールド・ティーチャーを迎える準備が整うのです。ワールド・ティーチャーが現れると、そのエネルギーを根づかせ、人々がその恩恵を受けられるようにロゴス的な波動とテンプレートの第一段階が働きます。これらのエネルギーは、肉体的・感情的・精神的・霊的すべてのレベルにおいて人類の飛躍的な進化を誘発する力になるでしょう。

ワールド・ティーチャーは、別々に発達してきた霊的伝統のエネルギーを人類が統合するように促し、この統合によって、「超意識」とも呼べる新しい意識状態が広まるでしょう。それはさまざまに異なった伝統の高度な意識状態を一つに統合します。私が受け取ったビジョンでは、世界の伝統はエネルギー的な観点から、元素に対応して五つの大きなグループに分類されます。火の元素のグループに属する伝統の高度な修練を行うと、ある種の霊薬が分泌されます。同様に、ほかの元素についてもそれぞれ霊薬が生み出されるでしょう。私が霊薬というのは、その微細《サトル》エネルギーが液体として感じられるからです。

人類は超意識へと進化しつつあります。それは五つの元素の霊薬が同時に存在することで促進されるでしょう。ワールド・ティーチャーの役目のひとつは、人々が五つの霊薬すべてを生み出せるように助け、この新しい超意識への到達を加速させることなのです。

VE　人間には自由意志があり、自身の努力によってマスターになれるのだから、シリウスや外部の教師は必要ないと考える人もいます。そういう人々にはどう言いますか？

IF　そうですね、キリスト意識に到達する方法については二つの見方があります。キリスト意識は私たち全員に潜在しているのだから、誰かの手を借りなくても自分自身でアクセスできると言う人もいます。いっぽう、霊的階層やワールド・ティーチャーに助けを求めることを重要視する人もいます。実を言うと、どちらも本当なのです。キリスト意識は私たちに生まれながらに具わった資質であり、それを体現するために、誰かの導きやイニシエーションを受けることもできるということです。ワールド・ティーチャーの役目をあまり重視しない人たちは、神の前では誰もが平等であることを深いレベルで理解しているという意味で、高貴なところから来ているのかもしれません。ですが一般的に考えれば、私たちよりもはるかに長く生きてきた賢人たちからは多くを学ぶことができるでしょう。

もちろん、こうしたマスターたち自身は人々より優れているなどとは思っていません。例えばDKは、アリス・ベイリーの著書の序文でみずからをマスターとは言わず、弟子と名乗っています。「私はあなたがたの兄弟であり、ただ多くの弟子よりも少し長く道を旅してきたため、より大きな責任を負っているのです」と述べており、それはまさに本質をついています。

●現象界では「悪」と呼ばれるものなしに「善」は存在しない

VE　シリウスのイニシエーションに戻りますが、その愛の表現は、プレアデスの愛のイニシエーションとどういう関係にあるのでしょうか。

IF　普遍的な愛はつねに同じですが、それを顕現するエネルギーはそれぞれ異なります。例えば、プレアデスのエネルギー領域は陰の側面が優勢であるのに対し、シリウスのエネルギー領域は陽の側面が優勢です。ただしシリウスのエネルギーは強い陰の側面も持っており、完全なものにするには両方のバランスが必要です。そのように、七つのイニシエーションすべてのエネルギーは虹の色のように互いに補完し合っているのです。私は、霊的成長の助けをひとつの地球外エネルギーだけに頼るのは間違いだと考えています。

創造の七光線において、シリウスのエネルギー領域で最も強く代表的なのは、「愛と知恵」の光線である第二光線です。シリウスと第二光線のつながりはよく知られていますが、シリウスが七つの光線すべてを放射していることはあまり知られていません。その次に強く発現されているのは、「意志と力」の光線である第一光線です。シリウスの第一光線のなかには周期的に著しく変動する周波数もあります。星から発する七つの光線のような微細エネルギーは、物理的エネルギーの放射と同じく周期的に変動しているのです。地球に近いと、それが私たちに好ましくない影響を与えることもあります。例えば、黒点の変動は人々の健康だけでなく、通信の電磁波にも影響を与えます。それと同じように、太陽系や宇宙空間における微細エネルギーの変動も、ここ地球上での生活に影響を与えうるのです。

シリウスの「意志と力」の微細エネルギーの周波数がピークに達して地球に届くとき、人々の意志、力、コントロール、支配、怒りなどに関する未解決の問題が呼び起こされ、困難が生じることもあります。こうした問題が自分の内側から湧き上がってくるのを認識できる人もいますが、原因が自分の外にあると思い込み、不寛容あるいは暴力的な言動に走る人もいます。これらの周波数は、本質的に悪いものではないことを強調しておきます。この周波数を扱えるほど充分に進化していないことが問題なのです。それは自然界の周期的な変動の一部であり、物理的な周期と同じで、人間にコントロールできるものではないのです。

研究者のなかには、シリウスのこの第一光線の周波数がピークに達したことが第二次世界大戦のタイミングに影響を与えたと考える人もいます。私自身、その情報が正しいというガイダンスを受け取っています。シリウスの第一光線のエネルギーが次にピークを迎えるのは二〇一五年頃とされています。それが理由で、このところ霊的階層は人類の霊的進化を加速させようと集中的に力を注いでいるのです。そのため、いま大勢のエネルギーに敏感な人たちが強い切迫感に急き立てられるように感じています。二〇一五年までにできるだけ多くの人々の意識を高めることで、この第一光線の周波数による好ましくない影響を最小限にし、愛の力を最大限に活性化させることが大切です。幸いなことに、二〇一二年までにとても前向きな変化がいくつか起きるでしょう。それについては最終章でお話しします。今後、人類は本書のイニシエーションを含め、さまざまな形でサポートを受けることになるでしょう。

VE　私たちの地球はいつでも素晴らしい宇宙のエネルギーの影響を受けていますが、その周期的な影響を理由に、自分の成長や癒しの責任を回避しないようにしたいですね。

IF　私もそう思います。さらに言うなら、シリウスの「意志と力」の第一光線のピークなどの機会を有効に捉え、自分たちの未解決の問題に働きかけることができるのです。ありがたいことに、個人でも集団でも私たちが助けを求めれば、霊的世界は必ず応えてくれます。

　このエネルギーのピークに対する人類の長期的な反応については、どうか希望を持ち続けてほしいと思います。究極的に私たちは、シリウス人によって示されている意識状態、すなわちＤＫが「私たちが悪として知るものはシリウスには存在しない」というほどに高度に進化した意識に到達するようになるのです。

VE　悪についての質問です。なぜ愛のない意図と行動を持つネガティブな意識の存在が、この惑星に許容されているのでしょうか？　無意識であれ故意であれ、残忍で野蛮で狂暴であるような人たちのなかで、いったいどうやって私たちは平和でいられるのでしょう。

IF　素晴らしい質問です。それは何世紀にもわたり、人々が探求し続けてきた深い問いです。これについて言いたいことは三つあります。ひとつは、「悪とは何か」について。二つ目は、「なぜ神は悪を許しているのか」という点。そして三つ目に、「私たちはそれに対して何ができるか」という点です。ベテルギウスの章で述べたように、悪は〝善の未到着〟なのです。究極の観点では神しかいないのですから。闇とは単に光の不在であり、それが悪の姿でもあります。悪は光のない状態です。悪とはゆがめられた善のことなのです。

では、なぜ神は悪を許すのでしょうか。神は私たち全員に「自由意志」という最大の贈り物を授けました。これは、すべての生きとし生けるものが生まれながらに持つ特質であり、それに気づくことが大事です。自由意志が宇宙の構造にとっていかに根本的に不可欠であるかを理解する必要があります。人間が自由意志を持っているのは、私たちが意識的あるいは無意識に決めたからではありません。私たちに自由意志があるのは、神がすべての生きとし生けるものにそれを与えたからです。つまり、究極的に私たちが学ぶのは、いかにして神聖な愛を物質世界で表現するかなのです。

VE　私はいつも「選択にはコントラストが必要」と言っています。

IF　いい指摘ですね。私が言いたかったのは、こういうことです。例えば、あなたが最も深く愛し、その愛であなたの心を内側から豊かに満たしてくれるような人が、まるでロボットみたいな調子で「あなたを／とても／深く／愛して／います」と言ったとしましょう。それはあなたにとってどんな意味を持つでしょうか。

おっしゃる通り、現象界では悪と呼ばれるものなしに善は存在しないのも真実です。神といえども、勝手気ままに宇宙を創造することはできません。神でさえ、ある制約のもとに創造しているのです。制約が必然的に組み込まれていると言ってもいいでしょう。上だけあって下はない、という宇宙は神でも創れない。上という概念自体に、下という存在が内包されているのです。ゆえに神はすべての存在に自由意志を与えました。つまり、それをどうするかは私たち次第ということです。悪が存在するのは、自由意志を乱用した者がいるからです。

悪に直面したとき、私たちはどうすべきでしょうか。ネガティブなものへの対応にはさまざまなレベルがあり、状況によって選択しなければなりません。けれども最高次レベルの対応とは、暴力によってではなく、神の愛の真実を輝かせることによって、悪に対峙することです。

VE　イエスが「もう一方の頬を差し出しなさい」と言ったのも、そういう意味ですね。

IF　ええ、その通りです。物質世界に住む私たちは、ときどきこの最高次の原理から逸脱してしまうような状況に陥ります。ですが、たとえ自分が暴力的な言動をとってしまったときでも、それが高次の原理から外れていることはつねに自覚していてください。みずから暴力に関わることは、自分自身が悪になる危険性をはらんでいることを認識しなければなりません。戦えば同類になってしまうのです。

●シリウスがもたらす普遍的な愛

VE　さて、この章のはじめに、霊的マスターに求められるキリスト意識の七つの特性があげられました。個人の意志と神の意志の完全な統合……神の創造すべてに対する無条件の愛……これら七つの項目にはとても圧倒されました。たぶんそう感じるのは私だけではないでしょう。創造の七光線を取り入れ、キリスト意識の七つの特性を身につけたいと真摯に望んでも、どうすればいいかわからない人々に対しては、どんなアドバイスがありますか？

ＩＦ　それについては二つ、言いたいことがあります。まず、最も重要なポイントは、自分自身に対して忍耐強くあることです。イエスやマスターたちが到達した霊的レベルと自分のレベルを比較すれば、確かに圧倒されて、自分など取るに足らない存在のように思えるでしょう。しかし霊的進化とは長い道のりであり、一幕だけの劇ではないことを知ってください。私たちは神の忍耐力という資質を養う必要があるのです。また、スピリチュアル志向の人の多くには、自分を追い込む心理学的な要因があることも理解しておくべきでしょう。それはたいてい自分の家族に起因する問題や、家族への承認欲求から来ています。

神は、私たちを完全に認め、ありのままの私たちを愛しています。イエスの教えを見れば、彼がいかにこのことを強調していたかがわかります。特に放蕩息子の喩え話には、それがよく示されています。私たちがありのままの自分を受け入れられるようにならない限り、いつまでも自分の成長に不満を抱き続け、今この瞬間の喜びを感じることはできません。

もうひとつの重要なポイントとして、霊的成長を加速させる最も重要なツールは、まず瞑想と、それからエネルギーワークです。この順番は前にも述べた通りです。

ＶＥ　私たちの魂がこの転生した人格を通して明快さと喜びを表現するために、すでにここにある多くの意識とエネルギーの贈り物に感謝して、活用しなくてはなりませんね。さまざまな宗教や、秘教的な学び……教えに来てくれた偉大なマスターたちへの思い……それに驚異的な地球の美しさと、そこに住む無数のユニークな生命体……愛する兄弟姉妹たち。私たちがこの物質世界への転生をより楽しんで成長するような形で表現するために、シリウス人はいま私たちにどんなふうに手を差し延べようとしているのでしょうか。

IF　シリウス人たちがもたらしている第一の贈り物は、普遍的な愛（キリスト意識）の知識とそれを啓発するための導きです。彼らは地上のマスターたちを通じて、また母なる地球のグリッドや人類に吹き込むエネルギーによって、私たちを後押ししてくれています。人類がシリウスをはじめとする地球外のエネルギーに気づかなくても、それらは社会の動きや世相に現れています。そうしたエネルギーは、エコロジー、フェミニズム、ホリスティック医療、また画期的な科学の発明や、非物質的現実の発見、そのほか多くの変化を促してきたのです。

きわめて有効で強力なシリウスのエネルギーの例として、この章のキリスト意識のイニシエーションがあります。ほかと同じように、これも二つの予備イニシエーションと六つの先行する星のイニシエーションに結びついており、マスターたちに依頼するだけで受け取ることができます。

VE　私の信じるところでは、シリウスからの霊的マスターは何世紀ものあいだ人類の師として、進化の試練のなかで浮き沈みを繰り返しながら、私たちを助け導いてきました。彼らは根気強く、そして絶え間なく、私たちが内なる美、知恵、愛に目覚めるように助け、すべての生命のために貢献する高い意識に到達しようとする人々の努力を支援してきたのです。

シリウスをはじめ、人類の進歩にこれほど貢献している星のマスターたちは、これから訪れるエキサイティングな時代においても、その教えとサポートとエネルギーを惜しみなく提供してくれることでしょう。私たちは霊的な師とその永遠の思いやりに包まれていることを知りながら、神の計画が展開されていくのを楽しみにしたいと思います。

遠い昔、聖書に約束された「わたしはあなたがたを不安のなかに置き去りにはしない」という言葉の通り、子どもが親の腕に抱かれて安心するように、私たちもまた霊的な慈しみを受けることができるのです。

＊＊＊

これは七つの星のイニシエーションの最終章です。受ける順番がこの本の通りではなく、このあとにいずれかのイニシエーションを受ける場合には、少なくとも一週間以上あけることを忘れないでください。

第12章 人類の新たな希望

……アーヴィンによる解説

この本を通して、ヴァージニアと私は、地球の霊的階層も地球外の存在も含めた多くの霊的マスターたちが、地球と人類の進化を促すためにエネルギーを送っていることを話してきました。私たちはどこへ向かっているのでしょうか。惑星地球と人類の未来はどうなるのでしょうか。こうした問いに答えるには、一歩下がって宇宙全体の構想に目を向け、その大きな全体像のなかで地球や人類の進化がどのように位置づけられるかを見ることが役に立つでしょう。

これまでもお話ししてきたように、宇宙は二つの創造の弧、すなわち内巻きの弧と外巻きの弧から構成されています。内巻きの弧はスピリットの物質への降下に関わっており、神の呼気といわれてきました。外巻きの弧は、物質のスピリットへの上昇に関わり、神の吸気といわれます。

宇宙におけるすべての進化プロセスの究極の目的は、この二つの弧の統合、すなわち物質とスピリットの統合にあるのです。個人レベルでは霊的性質と人格の統合ということです。私たち人間が経験する問題の多くは、自分自身の霊的性質と人格の統合の欠如がさまざまな形で現れた結果なのです。人格が霊的領域の現実を受け入れられずにいるため、しばしば意識的に気づくこともできないまま内なる空虚さを抱えている人もよくいます。いっぽうで、スピリチュアルな生き方をしている人たちは、自分の霊的な体験や価値観を日常生活に統合することにとても苦労しています。そのなかには物質界での生活が受け入れられず、ひたすら高次元への帰還を待ち焦がれている人も少なくありません。

確かに、物質とスピリットのあいだには自然な両極性や緊張がつきものです。しかしながら、リゲルの章で、物質とスピリットは単なる対極ではなく二元的なものだと話したことを思い出してください。つまり、補完し合う対極なのです。物質とスピリットのあいだの緊張は創造的なもので、私たちに滋養を与えて育ててくれる力があります。ところが多くの人は、この緊張によってまず分断を感じてしまうので、人類はもっと物質とスピリットの統合が進んでいるはずではないかと思い悩むのも無理はありません。

歴史上、人類が霊的に回り道をすることになった出来事についてお話ししましょう。じつは人類の物質とスピリットの統合は、二つの歴史的要因によって著しく遅れてしまったのです。第一の要因は、イエスが人類のために遺すはずだった贈り物を伝える前に肉体を去ってしまったことです。彼はある情報とエネルギーのイニシエーションを、世代を超えて体系的に伝える方法を確立しようとしていました。イエスの最後の言葉を理解するためには、キリスト教の主流あるいは大衆的な解釈と、秘教的な解釈の違いを知らなくてはなりません。主流のキリスト教による解釈では、イエスは人々を救うためにやってきた、ただひとりの神の子です。秘教的な解釈では、私たちはみな等しく神の息子または娘であり、イエスの使命は、彼の教えと秘教的イニシエーションの体系を通じて、人々がより高い意識状態、すなわちシリウスの章で述べた「キリスト意識」といわれる状態にアクセスできるよう促すことでした。

ある秘教的な解釈によれば、イエスの肉体の死は、絶対的確実性をもって予見することができなかったのだから、人類救済のための神の計画の一部ではなかったということです。人間には自由意志があり、そこにはイエスの肉体の死に責任がある特定の個人も含まれます。確かに、イエスは私たち全員が等しく神の子であることを教えるために来られたのであれば、主流の解釈である、神がたったひとりの息子を犠牲にしたという解釈は変える必要があるでしょう。実際にはイエスの肉体の死は時期尚早で、そのため彼が意図していたシャクティの系統を確立させることができなかったのです。今でもイエスが遺した秘教的な教えとイニシエーションの一部は存在していますが、どれも断片的で、全体として首尾一貫した体系ではありません。

イエスが伝えようとしたエネルギーは、彼が継承していたユダヤの神秘的伝統であるカバラに触発されたエネルギーのバリエーションでした。イエスはスピリチュアルな天才であると同時に、エネルギーについて独自の深い洞察力を持つカバラの天才でもあったのです。当時、カバラのエネルギーは形而上学的に、おもに火の要素に支配されると見なされていましたが、彼はこれらのエネルギー作用においては水の要素がそれまで考えられていたよりもはるかに重要であることを見抜きました。物質としての水がゆっくりと地中深くまで染み込むように、多くのカバラのエネルギーは水分の特徴によって、徐々に体の奥深くへと統合されていくのです。こうしてイエスは神の導きのもとに、リゲル、ベテルギウス、シリウスなど、多くの地球外のマスターたちと協力しあいながら、火と水を同等に重視するカバラのイニシエーション体系を築いたのです。

イエスは大衆のなかで語り、神が見ているような目で世界を見る力、すなわち「神の目」と呼ばれる資質を人々に養おうとしました。神の目を持つ人は、誰もが等しく神の子であることがわかり、自然界の至るところに神の愛の支えが見えるようになります。イエスはおもに喩え話を通して教えました。それは、世俗的な心配事に振り回されているトランス状態から人々を目覚めさせ、神の無条件の愛という現実を見せ、感じさせようとするためでした。人々に神の目を開こうとするイエスの試みは、カバラのイニシエーション体系にも大きな影響を与え、その共同創造に貢献したのです。

このイニシエーション体系の要旨は、神の目を開かせるとともに、神の愛の顕現を体感できるようにカバラのシャクティを発展させることでした。イエスはそのエネルギーを「礎《いしずえ》」と呼び、そこからあらゆる行為の幹となる神の目が育まれるはずだと考えたのです。このエネルギーこそ、イエスが人類に遺そうと意図した中心的な贈り物でした。しかしながら、このエネルギーを伝えるための体系を確立する前に、彼は早々とこの世を去ってしまったわけです。

イエスの肉体的な死ののち、地球の霊的階層も、協力する地球外のマスターたちも、彼のイニシエーションを理解できるほどの天賦の才と、世界に影響を与える体系を樹立できるまでのカリスマ性を具えた人物を見いだすことはできませんでした。以来、マスターたちが人類を助けるためにエネルギーを送る方法は、次の二つだけになりました。ひとつはイニシエーションを通じて直接人々に伝えるか、もうひとつは地球のグリッドにエネルギーを送り、それを通じて間接的に人々に届けるかです。地球のグリッドを介したアプローチが人間の霊的進化に及ぼす作用はかなりゆっくりとしたものですが、イエスの死後、彼のエネルギーを人類に届けるためには、永らくそうするしかなかったのです。これらのエネルギーは、人類に神の目を開かせ、物質とスピリットを統合させ、そしてキリスト意識として知られる状態を完全に開花させるために欠かすことのできないものです。

歴史を通じて今日まで、数多くの伝統に、霊的変容を促す美しいエネルギーが無数に存在していることを強調したいと思います。私たちはイエスのエネルギーが唯一のものだとか、それだけが一番重要だと言いたいのではありません。この時点で最も大切なのは、失われた事実を知ることです。すなわち、イエスの意図が継承されていれば地球のグリッドや私たちの微細身《サトルボディ》に存在していたはずのものが、実際に存在していないと知る時が来たのです。

イエスのエネルギーがイニシエーション体系として受け継がれなかったことは、前述の二つの歴史的要因のうちのひとつです。もうひとつは、「地球の守り手《アース・キーパー》」と呼ばれる、霊的に発達した人間たちの秘密結社の歴史に関係することです。地球の守り手たちは、古くから世界中の文明に存在しており、地球の微細《サトル》エネルギーのグリッドを守り支えつつ、人類の霊的進化を促す新たなエネルギーを導入する責任を担ってきました。彼らの仕事は、秘密結社に代々伝わるエネルギーに加え、地球人および地球外のマスターから受け取ったエネルギーを地球のグリッドに組み込むことでした。

彼らが秘密裡に活動してきた理由のひとつは、高度な霊的エネルギーによくあるように、超常的な力を開く可能性のあるエネルギーを使うからです。充分な超能力を具えた、信頼できる存在はなかなか見つからないために、いつの時代も地球の守り手たちの数は多くありません。しかし数は少なくても、地球の守り手たちの存在は決定的に重要です。というのも、肉体を持っていないとグリッドに組み込めない周波数のエネルギーもあるからです。

高度な霊的エネルギーは、地球のグリッドに充分な強度がないと安全に存在することはできません。イエスが移行したあとも、霊的階層がイエスの周波数を地球のグリッドに送り続けることができたのは、多くの土地で、地球の守り手たちが力を合わせた結果でもあったのです。地球の守り手たちは天界の助けを借りながら、より高いレベルのイエスのエネルギーを保持できるように地球のグリッドを強化し続けてきました。イエスのイニシエーション体系は、段階的に徐々に高くなる周波数が連なって構成されているので、各周波数レベルを統合する前に、地球のグリッドの波動を高めておく必要があるのです。

西暦四十三年、地球の守り手たちの歴史に重大な事件が起こりました。ローマ人がケルトのブリテン島に攻め入り、それまでのケルト文明を破壊したのです。たいへん悲しいことに、このローマ人による侵略からわずか数世代で、地球の守り手たちのケルト支隊は消滅してしまいました。この侵略で多くの命が奪われ、わずかに生き残った人たちは、超能力を正しく扱えないような者たちに貴重な知識を渡すくらいならと、不本意ながら、むしろ後継者を残さないことを選んだのでした。

イエス亡きあと、その体系を人間のイニシエーションに活用できなくなったにもかかわらず、多くの地球人や地球外のマスターたちが、地球のグリッドにかなめとなる重要な周波数を投入するプロセスを開始しました。そうして時間をかけて少しずつ、必要なレベルの周波数が構築されていったのです。このためケルト支隊の消滅後も、グリッドにはイエスのエネルギーが残されていたのですが、グリッドに継続的に必要とされる、より高レベルな波動へのアップグレードが欠けていました。こうして、イエスの早すぎる移行と、ケルトの地球の守り手たちの消滅によって、人類が物質とスピリットを統合するための進化は著しく遅滞することになったのです。

繰り返しますが、イエスのエネルギーだけが重要だと言っているのではありません。ここでのポイントは、人類が霊的進化の最高の段階に到達するには、地球のグリッドと私たちの微細身《サトルボディ》の両方に、多種多様な伝統のエネルギーが複合的に結びついて存在する必要があるということです。

話はこれで終わりではありません。この章のメッセージは、やがて物事はポジティブな展開を迎えるという、希望に満ちたものです。マスターたちは何世紀もかけて、失われたケルトの地球の守り手たちの周波数を補う方法を見つけ出し、地球のグリッドを強化してイエスの周波数をより高いレベルで新たに受け取れるような手段を開発するというプロジェクトを進めてきました。良い知らせは、このプロジェクトが二〇一二年に完了することです。そのときには、ひとつかそれ以上の霊的グループが、イエスの最初のエネルギーにもとづいたイニシエーションを蘇らせるでしょう。地球のグリッドの変化と、イエスが築こうとしたこの特別な部分の復元によって、物質とスピリットの統合をはじめとする人類の霊的進化は大いに加速されることになります。そして、「ワールド・ティーチャー」と呼ばれる霊的指導者が現れ、さらなる大きな変容の道が開かれていくでしょう。

世界中の多くの霊的伝統が、預言された霊的指導者の出現を待ち望んでいます。仏教徒は弥勒菩薩《みろくぼさつ》を、イスラム教徒はイマーム・マハディを、ユダヤ教徒はメシアを、キリスト教徒はキリストを待ち望んでいます。実をいうと、これらの指導者はみな同じ姿をしているのです。ワールド・ティーチャーは、ある特定の信仰を持つ人々のためにだけ現れるのでなく、信仰を持つ持たないにかかわらず、すべての人々のために現れます。この偉大な存在は、かつての霊的指導者の再臨ではなく、新たな霊的指導者としてやってくるのです。

その存在は、人類の平和で公正で調和した黄金時代をもたらすために、多くの人々やマスターたちの努力を一つにつないで融和させるでしょう。地球のグリッドとのはてしなく深い結びつきによって、地球内外のマスターから地球と人類に流れ込む数多くのエネルギーの伝導者として働くことになるのです。そして、世界中の霊的伝統のエネルギーを統合するイニシエーション体系を確立するでしょう。これらのエネルギーは、神の計画の次なるサイクルが開始される導火線になります。

ワールド・ティーチャーはあくまで霊的指導者であり、政治的指導者ではないことを理解してください。その裁量権は、人々がすすんで任せる範囲のみです。それは教祖のような存在ではなく委員会の長のようなものであり、人類全体や地球との関係は、あたかも人のクラウン・チャクラとチャクラシステム全体との関係のようなものになるでしょう。人類の黄金時代は、ひとりの人間がどれだけ力を発揮しても実現できるものではなく、私たち全員が力を合わせて協調していく必要があるのです。

……ヴァージニアとアーヴィンの対話

VE　イエスが（東洋の文化や宗教のような）シャクティの系統を確立する前に移行したという話は、イエスの偉業が減じられるように感じる読者もいるかもしれません。イエスほどの並外れた力と愛と知恵の持ち主に、どうしてそんな早すぎる移行が起こったのでしょう。こうした移行がどう神の意志と一致するのでしょうか。

IF　イエスを心から敬愛している私自身としても、確かにそのような疑問を抱かないわけにはいきませんでした。けれどもこの情報は、イエスに特別な敬意を払うこととまったく矛盾しないと思います。

まず、イエスのような並外れた力と愛と知恵の持ち主に、どうしてそんな早すぎる移行が起こったのかという最初の質問に答えましょう。理解すべきなのは、イエスが肉体を持ってこの地上に存在する限り、彼の人生は周囲の人々の自由意志による決定に左右されてしまうということです。

神は、すべての人間に自由意志という侵すことのできない資質を与えています。そこにはイエスの逮捕と磔刑の責任者も含まれるのです。

そもそも、なぜこの人たちはイエスに反対したのでしょうか。偉大な霊的指導者は皆、スピリチュアルなことより世俗的なことを優先させようとする人たちと対立する道を歩みます。例えば仏陀もモハメッドも、一度ならず暗殺されそうになっています。そうした霊的指導者が実際に既存の政治的権力を脅かすかどうかには関係なく、どんなマスターのエネルギー場も、霊的に成長する準備ができていない人間にとっては非常に邪魔になるのです。イエスのエネルギー場は特別に強力でしたから、彼がたえず発している神の目のエネルギーは、とりわけ彼らにとって邪魔になりました。その視線は、彼らに自己価値や人生の行為全般について疑念を生じさせるものだったからです。こうしたことは、私が生徒たちに神の目を開かせるイニシエーションを行ったときにも起こりました。もちろん、そこで使われるエネルギーはイエスのオーラが発していたよりもずっと小さなものでしたが。

イエスが呼び起こした反感はあまりに大きく、ついに組織化されてしまったために、彼がそれを切り抜けるには、直接であれ間接であれ、人々の死に責任を持つしかなかったのです。しかし彼の倫理観はそうすることを許しませんでした。したがって、彼の肉体の死は敗北ではなく、勝利と見なされるべきです。なぜなら、非暴力という彼の深い信念を破るよりは、肉体の消滅を望んだからです。

イエスがみずからの肉体の消滅を望んだのは、神の御心《みこころ》に適ったことだと思います。私は、イエスの十字架上の死が最初から神の意志であったとは思いません。神の最初の意志は、人々がイエスに従うことであり、イエスを死なせることではなかったはずです。しかし、ローマ人たちに捕らえられ、投獄されたイエスが十字架にかかるという決断をしたことは神の意志を表わしていると思います。多くの神学者が言うように、神の先行的意志と神の帰結的意志を区別するべきです。先行的意志とは、ある状況に対する神の最初の意志であり、帰結的意志とは、人間の自由意志による行動で状況が変化したあとの神の意志のことです。

イエスの死を敗北と見なすべきではないことを再度、強調したいと思います。私たちは、彼が呼び起こした対立を彼の力の証《あかし》と見なし、非暴力という信念を捨てずに死を選んだことを彼の行動と信念の純粋さの証と見なすべきです。

現代の私たちにとって、イエスの人生と教えは、当時の彼の死を取り巻く状況よりもはるかに大きな意味を持つものだと思います。イエスの教えがあなたのハートの内に生きているならば、イエスはどのような去り方をしたにせよ、勝利したのです。

VE　イエスはそれほどの困難を経験したにもかかわらず、人類への究極の贈り物として、彼の生き方と教えを遺しました。それは弟子たちにとどまらず、後々の世まで数えきれないほど多くの人々に影響を及ぼしていますね。

ＩＦ　その通りです。彼の教えが歴史の流れを変えたのですから、彼の人生もまた勝利でした。彼は今でも私たちの偉大な模範となっています。私としては、今日のキリスト教の宗派や教派が、イエス本来の意図であった、シャクティの系統を含む秘教的な教えを映し出すように願うばかりです。

ＶＥ　次のワールド・ティーチャーの出現を助けるという意味で、今日のキリスト教はどんな立場をとるべきでしょうか。

ＩＦ　すべての純粋な霊的信仰をもつ宗教と同じように、真の霊的な教えを伝えるキリスト教の宗派の多くも、その存在の出現に備えているところです。しかしながら、現代のキリスト教の主流派は、エネルギー的な意味でその到来のための準備を何もしていません。前に述べたように、キリスト教の歴史における大きな悲劇は、イエスの秘教的な教えとエネルギーが体系的に継承されなかったことです。幸い、それらは完全には消失しておらず、一貫した整合性のある体系としては失われましたが、その断片は地球上のあちこちに残っています。

偉大な霊的指導者というのはつねに、一般大衆のために公開される表向きの教えと、秘伝すなわち内側に向けた教えの両方を伝えています。どんな分野であろうと、良い教師というのは、生徒の意識や意欲のレベルに合わせてさまざまな教え方ができるものです。

また秘教的な教えの目的は、ある種のエリートを育成することではないというのも理解しておいてほしいと思います。秘教的な教えは、この宇宙の普遍的な原理や重要な事実に関する教えから自然に発生したものです。秘教的な教えについて留意すべき点は、早すぎる開示は本人の成長のためにならない場合があることです。宇宙の最も重要な真実には、はじめて聞くと信じ難いものもあり、そこで拒否してしまうと先に進めないからです。そしてもうひとつ留意すべきことは、高度な霊的修練は純粋な知的探求とは異なるという点です。それはさまざまな超能力の開発につながる可能性があるため、優れた霊的教師はむやみに伝えようとはしません。

秘教的な教えはあらゆる霊的伝統のなかに存在します。新約聖書でも、イエスが弟子たちに、一般の人々には教えないようなことを話している箇所があります。今日のキリスト教の悲劇は、いわば民主的であろうとする良心的な姿勢のなかにも潜んでいて……つまりそれは、私たち全員が神の前で平等であるという認識から来ているのですが、そのために人々は秘教的な要素を否定し、本来のキリスト教の基盤を損ない、力を奪ってしまったところがあると思うのです。しかし、この状況が永久に続くことはありません。というのも、人類を導いている霊的な力は、イエスが伝えるはずだった秘教的な教えを完全に復活させることを望んでいるからです。おそらくこの本は、イエスの秘儀をふたたび蘇らせたいと願う人々の心に、楽器のように響くことでしょう。

VE　キリスト教の伝統であったエネルギーのイニシエーションを思い出す楽器……？

ＩＦ　まさしくそうですね。

●失われた周波数

ＶＥ　なぜこの美しい地球のグリッドが不完全になり弱体化してしまったのか、もう少し詳しく話していただけませんか。

ＩＦ　いま存在しているグリッドはひどく不完全です。一連の絡み合った歴史上の災難によって、必要な周波数が失われているからです。その一因は、すでに述べたようにケルトの地球の守り手たちが消滅したことです。彼らは唱和したり音色を調えたりすることで、神聖で精妙な音の周波数をもたらしていました。ストーンヘンジを使ってこれらの周波数を地球のグリットに広げる方法も、彼らは知っていたのです。また、古代エジプトでの誤用によって失われた周波数もあり、それが原因でいくつかのイニシエーションが霊的階層によって取り消されました。

エジプトの前にも、古代レムリアとアトランティスにさかのぼる一連の災害がありました。そうして地球のグリッドに問題が生じたのです。じつは古代エジプトから現代までつながる出来事は、それ以前の古代レムリアやアトランティスで設定されたカルマの列がまるでドミノ倒しのように、次から次へと連鎖していった結果なのです。

ＶＥ　そしてこのグリッドのダメージによって、人類は自分のエネルギーを正しく使う意識や力を損なわれてしまったのですね。

ーF　その通りです。地球のグリッドに欠けている周波数の影響はきわめて深刻で、ほとんどの人が気づかないような形で私たちの日常生活にも影響を及ぼしています。エネルギーに敏感な人の多くが、何かが欠けている、エネルギー体がどうもおかしいと感じています。そしてこの欠落感のルーツは、自分の家系や出自や社会の影響よりもっと深いところにあるのを感じ取っているのです。私たちの微細身はとらえがたい微細物質でできていますが、それでも物質であり、更新され補塡されなければなりません。肉体では、食べたものの結果、細胞が分裂し、新しい細胞が作られます。それと同じように微細身にはエントロピーの法則に従う微細物質があり、時間の経過とともに劣化し、交換される必要があります。ではその補塡はどこから来るのでしょうか？

微細身の例として、メンタル体を見てみましょう。私たちのメンタル体の微細物質のほとんどは、太陽から吸収したエネルギーでできています。その次に重要な微細物質は樹木から来ています。人間のメンタル体と樹木の微細エネルギー場には、とても深い関係があるのです。直感的に感じている人も多いでしょう。木のそばにいると頭がすっきりし、心が安らぎます。地球のグリッドに欠けている周波数があるため、木々のエネルギー場にも重要な周波数が欠けています。それほどエネルギーに敏感でない人は気づきませんが、敏感な人々は増え続けており、何かが欠けていることに多くの人が気づき始めています。

VE　大自然の森や山、海や砂漠に行くと、本当に体がリフレッシュされますね。霊的にも感情的にも高揚するのを感じます。もちろん、肉体の酸素供給も大切ですが。

IF　はい。確かに、木々は私たちの感情体にも大きな影響を与えます。実際、鉱物界、動物界、植物界、人間界という、それぞれの領域のあいだには、切っても切れない密接な関係があるのです。人々は物理的レベルではようやくエコロジーという概念に目覚め始めています。それと同じように、ある自然界の微細エネルギー場を乱すと、自然界全体にその影響が及ぶことを知ってほしいですね。

VE　自分が思うほどパワフルになれないとか、やりたいこと全部をやりきれないといった感情は、心理的な無価値感などというものだけでなく、より深い内的な感覚レベルの不満からも来ているのですね。自分には何か欠けているものがある、とどこかで気づきながらこの地球で生きていくのはいかに大変かという話をよく耳にします。

IF　そうですね、多くの人がそういう思いを抱いています。そこに自分の家族や社会や環境だけではない何らかの理由があると気づいたとき、たいていは別の理由を探すでしょう。例えば宇宙人が地球に干渉しているとか、DNAに関することとか。でも最も大切なのは、これらの感情のルーツは外側にではなく、文字通り足元にあるということです。つまり地球です。私たちが飲む水も、吸う空気も、地球そのものです。そこに特定のエネルギー周波数が不足しているのです。

実際、このような気持ちが強くなるのは、私たちがつねにこの欠けたエネルギーに取り囲まれているからです。私たちの営みはすべて母なる地球とつながっており、その事実から逃れることはできません。

これらの失われた周波数は、人々の霊的成長にも影響を及ぼします。いま、ある特定の否定的な想念パターンを浄化してもすぐにまた元に戻ってしまい、なぜ不要な想念パターンの浄化がこんなに難しいのか説明がつかないという経験をしている人が多いのではないでしょうか。もちろんそこには多くの理由があります。けれどもひとつには、この時点でじつは私たちのメンタル体がそれほど強くないということもあります。もしもこの失われた周波数が地球のグリッド、つまり木々や私たちのメンタル体に存在していれば、メンタル体から否定的な想念パターンを一掃することももっと容易になるはずです。そうなれば私たちは皆、頭でもハートでも、もっと大自然や森の中にいるような感覚を味わえるでしょう。

●霊的進化の真の目的は〝超越〟ではなく〝全体性〟である

VE　宇宙共同体とシリウスのコーディネーターたちは、私たちがより壮大なバランス感覚を育めるよう、この本を通じて人類と地球に七つのエネルギーの祝福をもたらしてくれました。そこには一人ひとりの人間と人類全体を支援するための神の計画があると知り、胸が熱くなります。

私たちがともに力を合わせ、この肉体での体験をもっと楽しく喜びに満ちたものにすることが求められているのですね。

ＩＦ　そうです。地球に失われている周波数が戻れば、誰もが肉体を持っていることに喜びを感じるようになるでしょう。特に意識的にエネルギーを感じる人や敏感な人はそうなります。エネルギーに敏感で、何かが足りないという感覚を持つ人は、体から逃げ出したいと思いがちです。しかし肉体が存在するのには理由があります。人が霊的に進化して悟りを開いても、煙や白い光になって消えてしまうわけではありません。ここ肉体にいるのです。人類の霊的進化の真の目的は、〝超越〟ではなく〝全体性〟です。私たちがここにいるのは、肉体を脱ぎ捨てるためでなく、肉体とスピリットをひとつに統合するためなのです。

地球のグリッドに失われていた周波数が回復するにつれて、人々は肉体という経験を楽しめるようになります。地球のグリッドにこのシフトをもたらすために、多くのマスターたちが何世紀ものあいだこの仕事に携わってきたことに感謝しましょう。そこには地球の霊的階層や、本書に登場する星のマスターをはじめ、多くの地球外のマスターたちが含まれています。ワールド・ティーチャーが現れたとき、失われた周波数を回復させるプロセスは大幅に加速されるでしょう。それが役目でもあるからです。その存在がやってくるのは、人々をより深く地球に結びつけ、母なる大地と自分の体への感謝を高めるためなのです。

VE　これまでの11章で述べてきたように、星からのエネルギーの祝福を受けようと決意した人は、自身を含めたすべての生命にとても大きな貢献をしています。地球のグリッドと人間の意識、そしてワールド・ティーチャーについて、最後に何かあればお願いします。

IF　このような星々からのエネルギーの祝福を受けることで、その人の個人的な進化にとどまらず、人類と地球の進化にも大きく寄与する機会を手にするということを強調したいと思います。だからといって、誰もエネルギーの祝福を受けることを義務に感じるべきではありません。そしてこれらのイニシエーションは、純粋に個人的な恩恵のために受けてもまったく差し支えありません。その場合でも、人と地球、人と人のあいだには密接なつながりがあるため、イニシエーションを受けることで個人のエネルギー場に起きる変化は、計り知れないほど広大な影響を及ぼす可能性があるのです。

繰り返しますが、ワールド・ティーチャーのエネルギー場が出現すると、人と人、人と地球のグリッドとの結びつきのすべてにおいて、あらゆる形で高次の意識が強まるでしょう。いわばそのエネルギーで、神からの素晴らしい贈り物がひとつに結ばれ、リボンがかけられるような感じです。この神の計画によって、私たちのすべてが触発されて高められ、集合的に行動することで、人類の黄金時代が切り開かれるでしょう。

VE　新たに出現するその存在と地球のグリッドの振動レベルにはどんな関係があるのでしょう。

IF　地球のグリッドは、ワールド・ティーチャーの出現のために二つの面で強化される必要があります。まず、グリッドそのものに充分な強度がなければなりません。その存在自体のきわめて高波動のエネルギーとともに、イニシエーションで地球の人々に伝える高波動のエネルギーを支えるだけの強さが必要なのです。そしてグリッドにはこうした強さに加え、エネルギーを物質的な地球に定着させる力もなければなりません。なぜかと言うと、この強力なエネルギーは人類のみならず自然界の進化をも助けることになるからです。そのエネルギーは実際に多くの植物や岩石のエネルギー場を変化させ、ひいては人類の進化にも影響を及ぼすでしょう。

そこには複雑なフィードバックの循環がたくさん存在しています。その新たなエネルギーを定着させるほど地球のエネルギー場が充分に育つには、多くの微細エネルギーのトライアングルが強化されなくてはなりません。前にも述べたように、特に重要なのは、地球、太陽、シリウスという三つのハート・チャクラで形成されるトライアングルです。この本質的なトライアングルには、その存在からのエネルギーを定着させるという重要な機能があるのです。

VE　ワールド・ティーチャーというのは単一の存在とは限らず、例えばペアとかグループの可能性もあるのでしょうね。また、人類の霊的進化の遅れに関する説にはおそらく異論もあることでしょう。いずれにせよ、どれほど力のある人でも、ひとりの人間の努力では人類の黄金時代はやってこないというのが、お話のポイントだと思います。

私たちの人生は、不可解な宇宙のリズムやサイクルに導かれる運命にたえず深く影響されているように見えるかもしれません。でもむしろ、私たち皆が力を合わせて宇宙のリズムに協力することによって、人類の黄金時代はやってくるのでしょう。その結果は、私たち一人ひとりが自分の霊的進化に取り組み続けることにかかっています。私は本書にある星々からのエネルギーの祝福が、こうした進化を促す一助となることを心から願ってやみません。

スピリットはつねに特定の形を媒介して表現されるものであり、今の私たちにとって、その形とは人間の体です。ですから知恵と慈悲と愛をもってこの肉体を使い、創造主に仕えようという、古くからの呼びかけに答えたいと思います。知恵と慈悲と愛という特質は、時空間を超えた宇宙のパスポートですが、それを手に入れるには探し当てる意志が必要になります。それらはあなたの内なる意識の奥で発見され、表現されるのを待っているのです。

ーF　はい。そして将来どうなるかより、いまこのとき私たちが授かり享受している、数知れない祝福を忘れないようにすることです。その祝福のひとつに、星々からのイニシエーションがあります。夜、外へ出て、空に向かって両手を大きく広げ、星々の美しさと神秘を讃えて祝福しましょう。星たちの光と、それらを創造した愛に満ちた神の光への理解と感謝を、私たちがさらに深めていけますように。

付録

〔付録A〕

創造の七光線

●第一光線

意志あるいは力の光線。宇宙における主要機能は、神の計画を遂行するために必要な行動を開始すること。

●第二光線

愛と知恵の光線。宇宙における主要機能は、神の計画を遂行するために必要なものを引きつけ、集めること。

●第三光線

知的で創造的な活動の光線。宇宙における主要機能は、神の計画を果たす（詳細を監督する）こと。

●第四光線

調和の光線、対立を乗り越えた調和の光線。宇宙における主要機能は、創造に内在する両極性に調和をもたらすこと。

●第五光線
科学と具象的知識の光線。宇宙における主要機能は、メンタル界を使って低次元と高次元の統合を図ること。

●第六光線
献身と抽象的理想主義の光線。宇宙における主要機能は、ハートと精神《マインド》を神に向かわせること。

●第七光線
秩序と移ろいやすい変化の光線（儀式的秩序の光線ともいわれるが、これを私たちはあまり信じていない）。アリス・ベイリーの著作『秘教心理学』第一巻によれば、「第七光線の宇宙における主要機能は、生命が神の栄光を現す顕在的形態を生み出すために、スピリットと物質を融合させる神秘的な仕事を担うこと」である。

〔付録B〕

ソーラー・エンジェルとの契約

私、――――――――――（自分の名前）は、私のソーラー・エンジェルと以下の通り契約を交わします。私はこの契約のすべてを自由意志により、取り消し不可、無条件で結びます。

私は、私が送り手または受け手として直接または間接的に関与する、すべてのエネルギーワーク、神聖な存在とのワーク、現実創造に関するワークの妥当性を決定する全権をソーラー・エンジェルに委ねます。私のソーラー・エンジェルがこれら三種類のワークのいずれかについて不適当と判断した場合には、いつでも是正措置をとる権限をソーラー・エンジェルに付与します。

この契約で私がソーラー・エンジェルに委ねる全権には、つねに最終決断の権限が含まれ、さらなる協議の必要はありません。

この契約の解釈について疑義があるときはいつでも、私のソーラー・エンジェルにその部分をどのように解釈すべきかについて決定する権限を付与します。

この契約には、私のソーラー・エンジェルに、私の個人的な無意識の行動を修正または無効にする全権を委ねることが含まれていることを私は了解しています。

私はこの契約が、高次の霊的な導きに身を委ね、それを信頼する深遠な行為を意味していることを了解しています。

日付　　年　　月　　日

署名

〔付録C〕
イニシエーション日記をつける

本書のイニシエーションを受けるとき、自分の体験を記録しておくことをお勧めします。それぞれ受けた日付と、その名前（例えばアルクトゥルスなど）を記し、体験や感想、気づいたことを、その日、その週、その月と、日記につけていきましょう。書くことで自分の体験が明確になり、理解が深まって効果も高まります。人は生活の変化にすぐ慣れてしまいやすいので、日記を読み返すことで自分の変化を確認できます。特に微細エネルギーにそれほど敏感でない人々にとって、日記は変容の体験を強めるのにとても有効です。

参考として、日記の例をいくつか紹介します。次はいずれもアルクトゥルスの「希望」のイニシエーションに関するものですが、人によって反応が異なるのがわかるでしょう。

＊このエネルギーには素晴らしい静けさの感覚がある。アルクトゥルスのエネルギーはまるで温かいお風呂に浸かっているみたいで、体も魂もリラックスしていく感じ。

＊やる気が出なくてストップしていた大きなプロジェクトが動き始めた……長いこと踏ん切

りがつかなかったが、やっと決断できた。その後、引っ越しをして、この二〇年間ではじめてフルタイムの仕事に就いた。二〇年分の古い書類を捨て、古い家具はほとんどオークションに出した。

＊全体に、なんとなく少し楽観的な気分になったようだ。

＊このイニシエーションはとても楽しかった。そのあとは特に効果は感じていない。

＊すごくいい気分だけれど、身のまわりにはまだ大変なことが山積している。強いつながりを感じる。それは私が故郷に向かって正しい道を歩み、安全に守られているという感覚。

日記のフォーマット

各イニシエーションごとに、日付とイニシエーションの名前を最初に書いてください。そして、あなたの体験、気づき、感想やコメントを記録しておきましょう。

謝辞

本書は、シェア財団とSEE出版社に長年関わってくれている熱心な協力者たちの支えによって発行することができました。なかでも、次の方々には特別の花束を贈りたいと思います。オフィスマネージャーのアルマ・シエーア、その一貫した献身と言葉にできないほど行き届いたサポートに。パット・プラウドには、彼女の八冊目となる本書の素晴らしい編集手腕に。ロン・カントニの貴重なDTP作業と編集協力に。また励ましとともに原稿を手伝ってくれたヤン・リックセッカーに。会計担当のラヴェル・マクローズの惜しみない協力に。卓越した法律家であり精神的な友であるジョン・アフトンに。そして、この価値あるプロジェクトを完成させるという魂の約束を果たしてくれた、献身的な精神的同胞、アーヴィン・フュアーストに。彼にとっては思いがけないプロジェクトで、個人的に多くの犠牲を伴ったことと思います。

また、シェア財団の活動に対し、これまで財政的支援をしてくださった方々にも感謝します。ホリー・ジョイ、イマニュエル・ジョンソン・メラノの愛あるご支援により、この特別な本が上梓される運びとなりました。

ヴァージニア・エッセン

本書の刊行を実現するために、多くの方々にご協力いただきました。ここで全員の名前はあげきれませんが、その一人ひとりに謝意を表したいと思います。イニシエーションを受けて私にフィードバックをくれた人たち、原稿を読んで意見を寄せてくれた人たち、そして私がこの本に取り組んでいるために遅れてしまったプロジェクトを進めてくれた人たちにも、お礼申しあげます。クリスティン・ヘルムのタイピング、シェリー・マウザーの挿絵、マーゴ・シマサキのテープ起こし、そしてもちろん、ヴァージニアの愛とビジョンと、そのたゆみない献身に感謝します。最後に、妻のジュディと息子のステファンには、私がこのプロジェクトに取り組んでいるあいだに失われた多くの家族の時間に対し、寛容でいてくれたことに感謝します。

アーヴィン・フュアースト

訳者あとがき

ただ精神世界の通訳・翻訳をしたいという一心で、二〇一六年に履歴書を今井社長宛にお送りした日のことを今でも鮮明に覚えております。そしてその六年後にこの本のご依頼を頂いた時から、私の人生が大きく変容いたしました。当時、派遣会社で翻訳の仕事をしていた私には、とても本の翻訳をする時間を捻出することができませんでした。スピリチュアルは好きでも、今までとはまた違った精神世界の専門書でしたので、一日に進む速度が数行というレベルでした。書籍の翻訳は売上があっての報酬ですが、そんなことを考えず、勤務している会社の翻訳の代わりはいくらでもいるけど、この本の翻訳は私しかいないと思い、会社を辞めて翻訳に時間とエネルギーを注ぎました。なぜかそこで、「大丈夫だから」という声がして、自分の未来はますます素晴らしいものになると根拠のない自信がありました。そして翻訳しながらこの本の各回のイニシエーションの瞑想を一時間十五分ずつして、星からのエネルギーを受け取っていきました。

イニシエーションを通して、確実に私の波動や意識が変わり始めました。魂の覚醒を促す講座を開催するようになったり、人前で自分を表現することが苦手だった私がYouTubeチャンネルで毎回素晴らしいゲストをお招きしてお話を聞くなど、以前の自分からは考えられないことでした。そして偶然にも、フランス人の友人であるジュリアン・シャムルワさんが本を出版されたのもナチュラルスピリット社で編集者も同じ人だったという偶然の一致を知り、三人でオンラインで会話できたことも本当に夢のようでした。

人や本との出会いで人生は変わります。この本の翻訳から私の仕事環境は変わり、宇宙に繋がる人々と出会うことが多くなりました。世界的に有名なＵＦＯ研究家であるジャーナリストの方とのネット対談が実現したり、宇宙関連の通訳や翻訳のお仕事を頂いたりと、この本との出会いをきっかけに、確実に地球と宇宙の繋ぎ手として宇宙から導かれているのを感じます。

この本の原書"Energy Blessings from the Stars"がアメリカで発行されたのは一九八八年で、その当時からすると今の時代はかなり様変わりしているところもあると思いますが、ここに語られていることの本質は二〇年以上たっても変わっていません。それどころか、むしろ今だからこそ必要で、伝わりやすい時代になっているのではないでしょうか。

この本にもありますように、いま地球は危機的状況に立たされていて、さまざまな星から地球へのサポートが入っています。その星たちの愛を感じ、私たちは頭中心に生きるのではなく波動中心で生きる時代にいよいよ来たのかなと思います。

最後に、本の翻訳の経験が何もなかった私に、この素晴らしい本のお仕事の依頼をくださったナチュラルスピリット社の今井社長、素晴らしい編集力で拙い私の翻訳を見違えるほどわかりやすく美しい文章に仕上げてくださりました秋田様、いろいろとご尽力くださったナチュラルスピリットのスタッフの皆様に感謝申し上げます。翻訳と編集に三年かかり、愛と時間とエネルギーが結集した本だと自負しております。おかげさまで本当に素晴らしい本となり、ようやく皆様の元にお届けすることができました。有り難うございました。

読者の皆様も、この本をきっかけに人生が開かれ、さまざまな素敵な出会いがあり、魂が覚醒されますことを祈っております。魂に目覚め、ご自身の魂の目的に沿って生き出すことこそが、大きな地球の癒しになるでしょう。私たちの美しい地球をこれからも愛をもって皆さんと守っていきたいと思います。

この本で確実にあなたの魂が覚醒されますように……愛を込めて。

位田純子

著者

ヴァージニア・エッセン Virginia Essene

1928-2015年。シェア財団の創設者。20世紀の精神世界におけるパイオニアのひとり。1984年にイエス・キリストからのエネルギーを受け取り、その神秘体験をもとに "New Teachings for an Awakened Humanity" を執筆。みずから出版社 S.E.E. (the Spiritual Education Endeavors Publishing Company) を立ち上げ、数多くの書籍を発刊した。

アーヴィン・フュアースト Irving Feurst

1992年に S.U.N.(Spiritual Unfoldment Network) を設立。シャクティ・イニシエーションによって人生が一変し、その霊的体験の豊かさに目覚め、こうしたイニシエーションを人々に提供するために人生を捧げることを決意。スピリチュアル・エネルギーとは抽象的なものではなく、日々の生活の質を変容させ、スピリットと物質を日常生活に統合するものだというのが持論である。S.U.N. は、人々が特定の宗派や教義に縛られることなく自分のペースで個人的な霊的成長の道を歩めるよう支援するための、霊的伝統の秘教的なエネルギーを伝える無宗教で国際的な教師のネットワーク。多岐にわたるコースがあり、多数の教師を養成・認定。またエジプトのミステリー・スクール Khu の創設者でもある。

スタンフォード大学で数学の学士号、カリフォルニア大学バークレー校で数学と統計学の修士号を取得。家族は妻と成人した息子がひとり。

S.U.N. 公式サイト : www.spiritunfold.com

Khu 公式サイト : www.egyptianmysteryschool.com

訳者

位田純子 Junko Ida

精神世界の通訳、翻訳家。前世療法士。元客室乗務員のキャリアを通じて多彩な関わりを経験するなかで、人は魂の存在であることに目覚める。現在、前世療法をはじめ、使命に氣づく魂の探求講座、未来療法、スピリチュアル英語講座、そのほかさまざまなコースやワークショップを主催。人々の魂を解放し、真の自分に目覚めて本来の美しさを輝かせ、魂の使命に気づけるよう、あたたかくパワフルにサポート。また YouTube「Junko ida の使命に氣づく魂の探求チャンネル」では、宇宙に繋がって活動する数多くのリーダーたちと対談し、人々の覚醒を促している。

ホームページ　https://junko1225junko.wixsite.com/junko-ida

▶ Spiritual Unfoldment Network™ (S.U.N.)

S.U.N. はアーヴィン・フュアーストによって設立された、国際的で宗教的に中立な、あらゆる主要な霊的伝統の秘教的エネルギーワークを広く提供するための教師のネットワークです。その目的は、人々が個人的な霊的進化を自分のペースで効果的に進められるようサポートすることです。

S.U.N. のすべてのクラスはパワフルなエネルギーを受け取るイニシエーションであり、その後はいつでも流れを指示することでそのエネルギーを自分自身や他者に用いることができます。こうしたエネルギーの汎用性と使いやすさは初心者に最適であるとともに、より高度で専門的なエネルギーワーカーにも驚異的なパワーと洗練性をもたらします。

S.U.N. には、ハワイやチベットのエネルギー、チャクラ、天使、マントラ、クンダリーニ、高次自己との連繋など、50 以上ものコースがあり、下記ウェブサイトから直接、あるいは S.U.N. 認定教師に申し込めます。S.U.N. の認定講師は日本を含む世界各地に存在し、さまざまなプライベートセッションも行われています。多くのコースは遠隔で受講することも可能です。

S.U.N. とそのクラスに関する詳細情報については次のウェブサイトで確認するか、メールでお問い合わせください。また、細胞水を生きた水に変えて霊的進化を加速させる、アーヴィンの録音による CD "Transform Your Cellular Water Field" もこのサイトで販売しています。

ウェブサイト：www.spiritunfold.com
メール：info@spiritunfold.com
Address: S.U.N.
P.O.Box 5900/ Hercules, Ca. / 94547 USA

▶ Khu, The Egyptian Mystery School™

Khu とは魂の高いレベルを表わす言葉です。古代エジプトの魂の教えとエネルギーのイニシエーションを本来の純粋な形で伝えるために、アーヴィン・フュアーストが設立したスクールです。儀式やエジプトの神・女神に頼ることなく、他の惑星の神殿のマスターから人格と魂の融合のためのエネルギー・イニシエーションを受けます。また古代エジプトの錬金術やタントラそのほか奥深い洞察や実践についても学べます。Khu は S.U.N. よりも焦点が絞られ、古代エジプトのエネルギーのみを用います。クラスは、書面によるレッスンと遠隔イニシエーションの組み合わせで行われます。Khu に関する詳細情報は、以下のウェブサイトを訪問するか、メールでお問い合わせください。

ウェブサイト：www.egyptianmysteryschool.com
メール：info@egyptianmysteryschool.com
Address: KHU
P.O.Box 5920/ Hercules, Ca. / 94547 USA

※アーヴィン・フュアーストはクラスを通じて人類を支援するよう導かれているため、個人セッションやリーディング、個人的あるいは医療上の相談には応じておりません。

七つの星のイニシエーション
星々からのエネルギーの祝福

●

2024年7月21日　初版発行

著者／ヴァージニア・エッセン＆アーヴィン・フュアースト
訳者／位田純子

装幀／斉藤よしのぶ
編集／秋田幸子

発行者／今井博揮
発行所／株式会社 ナチュラルスピリット
〒101-0051 東京都千代田区神田神保町3-2 高橋ビル2階
TEL 03-6450-5938　FAX 03-6450-5978
info@naturalspirit.co.jp
https://www.naturalspirit.co.jp/

印刷所／中央精版印刷株式会社

ISBN978-4-86451-484-2 C0014